古代歷史文化 研究輯刊

三一編

王明蓀 主編

第29冊

民俗雕版木刻研究
（第三冊）

鄧啟耀 等著

國家圖書館出版品預行編目資料

民俗雕版木刻研究（第三冊）／鄧啟耀 等著 -- 初版 -- 新北市：
花木蘭文化事業有限公司，2024〔民113〕
目 8+256 面；19×26 公分
（古代歷史文化研究輯刊 三一編；第 29 冊）
ISBN 978-626-344-681-6（精裝）
1.CST：版畫 2.CST：民俗 3.CST：研究考訂 4.CST：中國
618   112022541

ISBN-978-626-344-681-6

9 786263 446816

古代歷史文化研究輯刊
三一編　第二九冊　　　　　ISBN：978-626-344-681-6

民俗雕版木刻研究
（第三冊）

作　　者　鄧啟耀等
主　　編　王明蓀
總 編 輯　杜潔祥
副總編輯　楊嘉樂
編輯主任　許郁翎
編　　輯　潘玟靜、蔡正宣　美術編輯　陳逸婷
出　　版　花木蘭文化事業有限公司
發 行 人　高小娟
聯絡地址　235 新北市中和區中安街七二號十三樓
　　　　　電話：02-2923-1455／傳真：02-2923-1452
網　　址　http://www.huamulan.tw 信箱 service@huamulans.com
印　　刷　普羅文化出版廣告事業
初　　版　2024 年 3 月
定　　價　三一編 37 冊（精裝）新台幣 110,000 元

民俗雕版木刻研究
（第三冊）

鄧啟耀 等著

目

次

第七章　祭祀：祖與社

在民間雕版木刻中，涉及親屬制度和社會組織的，主要是祖、社和地方保護神類紙符，如與祭祖有關的家堂，與村社神祇有關的土地、社稷神，與地方保護神有關的土主、本主、城隍等。

祭獻有多種形式和功能。民間俗信認為，對於各方諸神，要隨時祭獻，不能有事才燒香。所以，凡到諸神的誕辰、逢年過節、初一十五或本命年等節點性時間，民間都會對相應神靈祭獻一下，拜一拜，不求有福，但求無過。

一、祭祖

家，是以血緣為依據的社會基礎組織結構。但中國少數民族的家庭結構、婚姻形態及親屬觀念與內地的漢人社會有所不同，呈現了極為多樣化的情形，如母系大家庭、走婚、對偶婚、多偶家庭等，在一些民族中依然存在。這必然會影響到他們的年節祭會。

因而，在中國許多少數民族中，祭祖是一項最頻繁的活動。祭祖，包括衍生的家祭、族祭、墓祭以及鍋莊、灶與「家宅司令」之祀，是最普遍最莊嚴的祭禮，也是維繫家族或宗族關係的常見形式。祖，是子孫萬代的「根根」所本，是宗法社會文化的核心所在。祭祖，為嚴守祖訓祖制使後人永不忘本，由此而衍化出種種儀式，並在漫長的歷史中，漸漸固定為專門的節日祭典，滲入了較為複雜的文化內涵。

傳統中國家族有關祖先祭祀的形式有寢祭、墓祭和祠祭。寢祭為單個家庭中的祭祀，內容有除夕祭竈、朔望祭祖、中元饋祖以及祖先的誕日以及忌日之

祭；墓祭，即清明、冬至的掃墓；祠祭，又稱祖祭，指全家族的春秋祠堂祭祖。〔註1〕在少數民族中，情況較為多樣，主要有族群性的公祭（一般會追溯至始祖），家族性的大祭和家庭性的小祭等。不僅每月初一十五，每年大年小節，都要祭祖，還有的節日如清明、中元、冬至、朝山節、踏歌節、太平會、祭房頭、跳家堂、敬家仙、曬祖公等，則是不同民族專門的祭祖活動。

家神與闔家同樂、財神、喜神、善神等符像配置一起祭獻。

祖先紙

祖先紙有祖先之神、本家堂位、家神土地、祖先套符等種。舊時人家都會設祖先神位，依時祭拜。家人如有不順之事，就要請經頭（念經的老奶）來查：祖墳安葬後，有沒有蟲蛇鑽進。如果蟲蛇吃到死者的眼睛，後代就會眼睛疼。查到原因後，查出什麼作怪就買什麼紙火，每個月初一、十五按規定念經，燒送紙火。

祖先之神

祖先之神，一般以牌位（神位）表示，與「本家堂位」相似。有的牌位前有人跪拜，也有描繪一坐在太師椅上的男性祖先。

祖先壇。廣東開平，2018，鄧啟耀攝

〔註 1〕徐揚傑：《宋明家族制度史論》，中華書局 1995 年版，第 306～307 頁。

祖先之神。雲南大理

祖先之神。雲南大理

祖先之神。雲南大理

祖先之神。雲南大理

祖先之神。雲南大理

祖先神位。雲南大理

家堂

　　家堂或曰月家堂馬子代表祖宗牌位，初一十五安家堂時用，搬家前祭獻，年三十晚上磕頭祭獻天地時也要燒。把紙錢在火盤裏燒，下方燒白錢，上方燒黃錢（黃錢專門燒給神）。家堂香火三教總聖紙符，上面坐鎮道、佛、儒三教總聖，下面描繪居家日常情景。大理白族齋奶解釋，要吃齋念佛祖傳三代才能供這個紙符，有問題到他家看香火，他家知道咋用。光吃齋不念佛，或者光念佛不吃齋，都沒有作用。

家堂。雲南德宏

家堂。雲南德宏

家堂之位。雲南巍山　　　本家堂。雲南巍山　　　本家堂位。雲南巍山

家堂香火三教總聖

家堂香火三教總聖。雲南大理　　　家堂香火三教總聖。雲南大理

家神

　　家神主家庭平安興旺，如有家庭不睦，則是家神不安，要請師娘來祭獻，在家裏燒家神紙一張。也有把家神紙供奉在家堂上，婦女生小孩，不能從供有家神的堂屋經過，只能從前面的半節「月子門」進出，否則會厭惡著家神。〔註2〕

〔註 2〕賈志偉：《騰沖神馬調研報告》，載馮驥才主編《年畫》2003 年秋季號，中國戲劇出版社 2003 年版，第 68 頁。

家神。雲南騰沖　　　　　　家神。雲南大理　　　　　　家神。未詳

家神土地

家神土地。雲南巍山　　　　　　雲南巍山

家宅六神

家宅六神。清末，北京〔註3〕

〔註 3〕引自蕭沉博客：《俗神》（圖為日本人 20 世紀初收藏）http://xiaochen.blshe.com/
post/78/503808，2010,2,11。

祖先套符

　　這是廣州紙火鋪賣的「祖先套符」，全套包括拜祖先、祖發、平安符、往生神咒、百子千孫、免刑克厄金牌寶牒、佛如意咒、福字、祖先金、海陸空套票、天地銀行冥幣等。

拜祖先紙

祖發

平安符

往生神咒

百子千孫

免刑克厄金牌寶牒

佛如意咒

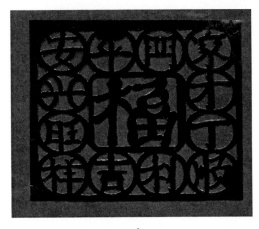

福字

祖先金。廣東廣州

田野考察實錄：廣州番禺石樓鎮祠祭

　　廣州市番禺區石樓鎮石一村著名古建「善世堂」，是番禺陳氏大姓的宗祠。善世堂始建於明弘治十八年（1505 年）二月廿六日，建成於正德十五年（1520 年），距今約五百年，是番禺區四大古祠堂之一。該祠堂坐北向南，佔地 2000 多平方米（不包括門前廣場和池塘）。廣場兩旁原有旗杆夾多座，現已不復存在。善世堂在 1959 年改成農業機械中學，1971 年，祠堂儀門被颱風吹倒，後來又先後被用作織布廠、服裝廠等廠房。五百年久經滄桑，善世堂失於修葺，瀕於破敗。

　　眼看老祠堂受到各種破壞，村內老人心痛不已，曾數次發起重修祠堂的行動。2010 年，石樓陳氏族人有感於前人鳩工庀材、苦心建造的陳氏宗祠今時破敗不堪，便推舉鄉賢成立善世堂修繕管理委員會。修繕籌資 3000 多萬元，其中，石樓陳氏宗祠（善世堂）修繕管理委員會榮譽主席陳儉文老先生祖孫三代人捐助了 2000 多萬元，陳氏賢達貴人及社會各界人士捐助了 200 多萬元，市區文廣新局劃撥了 80 多萬元。資金募集到了，然而，由於損毀嚴重導致歷史資料缺失，測繪過後，尤為關鍵的復原設計遇到了難關，尤其是儀門，是整個祠堂復原的最難之處。一次偶然的機會，村內老人陳樹明在一批老照片中發現了 3 張攝於陳氏祠堂的照片，照片攝於 1957 年，清晰地展示整個儀門的結構。雖然是黑白照，但反應了諸多細節，為復原設計提供寶貴信息，十分珍貴。

　　2012 年夏季啟動修繕。修繕管理委員會委員會堅持集體領導，明確分工、各司其職。對於爭議工程項目，無分大小，一律召開聯席會議共同討論、公議決定；會議上集思廣益，經集體表決後的決議，一律堅決貫徹實施到位，不容置喙。區文物辦要求建設單位遵循設計意念及設計內容，按照廣府傳統工藝做法，組織符合傳統建築材料進行施工，全程與修復的文物專家進行密切溝通，最大限度地實現設計意圖，工程難度最大的儀門復建項目，施工單位發揮群智群力，結合現代建築材料和工藝，加強整體結構抗震、抗風能力，恢復儀門原有古韻又保證文物安全。祠堂從一磚一瓦、一椽一木，點滴恢復本體原狀，重現當年耗時 41 年建造的巍峨風采。

　　陳氏宗祠保護工程施工歷時 3 年，2012 年 12 月開工，2015 年 7 月竣工，2016 年一次性通過專家驗收。重修後的善世堂氣勢恢宏，雕樑畫棟，肅穆莊嚴。細部構件精美絕倫，木雕、磚雕、石雕、灰塑件件精品，雕刻的各種人物、花鳥蟲魚、飛禽走獸栩栩如生，僅儀門工藝就令人歎為觀止。總價值近 600 萬德羅漢松和桂花古木在廣東省祠堂亦是首屈一指。廣東省文保專家及建築專家一致認為：「這是一座不惜成本建造、規格高、技藝精、獨具嶺南建築特色的祠堂建築。」2017 年至 2018 年，陳氏宗祠榮獲廣州市優秀建築裝飾工程獎、廣東省優秀建築裝飾工程獎和中國建築工程裝飾獎，2017～2018 年度中國建築工程裝飾獎，入圍全國優秀古遺址保護獎終審前 12 名。

　　2019 年 3 月 27 日（農曆二月二十一日）舉行重光典禮，也相當於是一次隆重的祠祭。在祭祀儀式前、儀式中，都會焚燒大量紙符和紙錢。

離祠堂「重光」儀式前幾天，每天宗祠門前的廣場上，都會有村民來燒紙。廣州番禺，2019，鄧啟耀攝　　宗祠門前廣場上燒紙的村民。廣州番禺，2019，鄧啟耀攝

待命的獅群。廣州番禺，2019，鄧啟耀攝

祖堂供案上準備的大量紙品。廣州番禺，2019，鄧啟耀攝

主祭人陳俊文作為善世堂二十五傳裔孫、善世堂修繕委員會榮譽主席,帶領善世堂修繕委員會主席陳昌及石樓陳氏 80 歲以上父老代表、陳氏善世堂修繕委員會領導小組、「三村一居」領導等人,亮燭上香。陳昌敬讀祭文,然後焚化。廣州番禺,2019,鄧啟耀攝

祭過的紙品在院裏焚化。廣州番禺,2019,鄧啟耀攝

二、祭灶(火塘)

學會用火,是人類從生食到熟食的轉變,也是進入文明的重要一步。對火的祭祀,歷史悠久。從野外隨採集狩獵流動不定的篝火,到固定於室內三塊石頭架鍋的火塘(又稱「鍋莊」),其間經歷了漫長的文化轉型。

灶是火塘的改進形式。祭灶,在《周禮》中即為「五祀」之一,可見地位重要。灶君神爺家家都有,關係到各家煙火鼎食之事,民間對此十分重視。廚房是灶王所司的域界之所在,邪氣不能進,一定要把灶拾掇得乾乾淨淨,給灶王爺的供品也做得好好的。

　　祭灶神主要有幾次：一次在農曆八月初三，相傳是灶神的誕辰；二次是在農曆正月裏，一般是新春之祭，較流行；而有趣的是農曆十二月二十三或二十四日的送灶神，據說這一天為「家宅司令」灶神上天奏呈人間善惡的日期。灶君號稱「人間司命主，天上耳目神」，是神界安插在家家戶戶的探子，深入居家民宅，窺探人們的一舉一動，其地位可想而知。他的彙報，關係著人們的命運，所以民間對他一年多祭，生怕怠慢了他。可這位充當上帝耳目的老爺子偏又聾又瞎，常常亂彙報一氣，上帝為此降災於人。因此，民間對此公又敬又怕，又氣又愛。平時小心侍奉，到了他上天彙報的日子，更是燒香叩頭，甜言蜜語哄住這昏老頭兒，特別要祭獻蜜糖和糯米粑粑兩種供品，為的是灶神嘴裏塞了糖，說出來的話會甜些。有的怕他老眼昏花誤呈善惡（據民間傳說，他已幹過多次這類昏事，造成數次大災），反正求神賜福自有多種途徑，災禍之門漏一不可——索性一堵了之。所以這天要弄許多糯米粑粑祭獻灶神，黏乎乎讓這位老者吃了黏住牙，塞住嘴，什麼也別彙報。獻糖果最好獻麥芽糖，黏住老爺子的牙，什麼也別說；加上糯米粑粑，黏牙雙保險。這種民間的幽默，固定為一種節祭習俗，反映了人們對所謂充當君民中介、溝通「上下關係」，其實是為君主耳目、控制百姓的偽官吏們所表示的歷史性的不信任態度。

　　廚房是女人的世界，女人們下廚的時候舉止難免有失端莊，或者會說些家長里短的閒話，被灶君聽到了，難說不會被彙報上去。加上灶君公公眼花耳聾，有一句沒一句的聽到，斷章取義，不看語境，就更說不清了。所以，送灶君時，除了黏住灶君的牙，家裏大大小小一樣要吃一點，也黏住自家的牙，避免說話不慎，禍從口出。

　　年三十，接灶牌，安灶，把頭年煙薰火燎的老灶君揭下，貼在祖先堂前，到大年初一迎灶君，燒了舊灶君，貼上新灶君，下供乳扇、魚、肉和一種大米做的薄餌塊。灶君紙符一年一換。另外，農曆八月二十三日是灶君的生日，這個時候也不能忘記祭獻。

　　給新居開夥祭灶，道士在主壇前念唱《灶王經》。《灶王經》主要的內容都是要講給女人聽的，比如女人在灶堂前的一些行為禁忌，女人在家中應當孝敬、勤快，擔當好伺候公婆、丈夫，哺育兒女的責任之類，是一部教育婦女遵守婦道及灶臺前禁忌的經文，其功能多少與民間勸人行善的善書相似。道士念唱過程中，前來參加儀式的吃齋的年長婦女，到了這一環節，都跟著念唱，許多年長的阿婆年輕時都念過這部經，在她們年輕的時候，這部經都是女孩子都是要背的。

　　灶君還有護佑小孩靈魂的作用。小孩子哭啼，受驚嚇丟了魂，或生了病叫魂時，要念灶君祭詞，請灶君幫助找回來。

1. 火塘（鍋莊）

　　火塘又稱「鍋莊」，在南方一些少數民族家庭中佔據核心位置。祖靈和神靈供奉於火塘上方，火塘的鍋莊石或鐵三腳架嚴禁腳踏和丟棄不潔之物，家庭輩分和主客地位也以坐在火塘邊的位置來確定，對火塘的祭祀也形成了特殊的火塘文化。

火塘。雲南大理　　　　　　　　火塘。雲南大理

2. 灶牌

　　灶牌有兩種，彩色，較大張的，畫有灶君灶婆，在樓上供天地處貼。天地在中間，左方為大供灶君，右邊供祖；旁邊是搬財童子、運水將軍。小的單色灶君，在灶房煮飯處貼。灶神前燒一對錁子、三炷香、一杯茶。

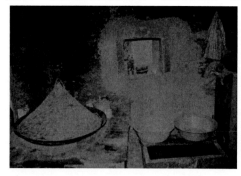 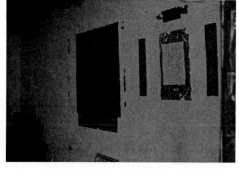

廚房裏灶神祭壇。雲南巍山，2001，鄧啟耀攝　　　　閣樓上灶神祭壇。雲南巍山，2001，鄧啟耀攝

灶君

灶君。雲南巍山　　　　　　　　灶君。雲南大理

灶公灶母

灶公灶母。雲南巍山

司命灶君

司命灶君。雲南大理　　　司命灶君。雲南巍山　　　司命灶君。雲南大理

司命灶君。雲南巍山　　司命灶君。雲南巍山　　司命灶君。雲南巍山　　司命灶君。雲南巍山

司命。雲南芒市　　　　司命灶君。雲南巍山　　　　司命灶君。雲南昆明

司命灶君。雲南巍山　　　司命灶君。雲南巍山　　　司命灶君。雲南芒市

司命灶君。雲南畹町　　　司命灶君。雲南畹町　　　司命灶君。雲南保山

東廚司命

東廚司命。清，雲南　　東廚司命。雲南昆明　　東廚司命。雲南民　　東廚司命。雲
騰沖　　　　　　　　　　　　　　　　　　　族博物館展品　　　　南大理

灶君局部。雲南騰沖　　　　　　　　司命灶君。雲南大理

九靈灶君

東廚司命九靈灶王君。　　九靈灶君。雲南大理　　東廚司命九靈灶君。雲南大
雲南大理　　　　　　　　　　　　　　　　　　　理

奏善堂

「奏善」主要指望灶君上天奏報時，奏善不奏惡，多為老百姓說好話。

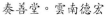

奏善堂。雲南德宏　　　　　奏善堂。雲南大理

灶馬

廣西南寧每年農曆臘月二十三日送灶神回天呈報，年三十接灶神回來。為了方便他來去，要送灶馬。除了祭獻供品，還要分別在臘月二十三日送灶神和年三十接灶神的時候，在灶前焚燒灶馬。

灶馬。廣西南寧

三、祭社

如果說，祭祖是對宗法文化的一種歷史性溯源的話，祭社便是對宗法文化的一種地域性認同了。

在甲骨文中，祖、社兩字很相似，都像豎在地面的碑或柱。社與土相關，土中所生之物，如大樹、石柱之類，也常被用作社的象徵。祭社，在雲南古代青銅器中，就有一些反映，且都以碑、柱或石且為中心，以人為犧牲，顯然屬於重典。這是祭社的較早「實況」記錄。在雲南少數民族中，土主、本主、寨神、猛神等，早期形象多以樹、石代表，後來將各種人物神靈加進去，泛化為鄉里村社或地區的守護神。

湖南省湘西吉首邊城鎮二月過「社節」，吃「社飯」。這原本是苗族的祭祖節，由於苗漢混居，遂成為小鎮的共同節慶。

每年正月初六日，雲南昆明市西山區沙浪一帶的白族都要選擇吉利方位舉行開社儀式。開社是開年動土的祭杞，祭祀的目的是祈求上天在新一年裏多多保佑。這天，各家家長帶上飯、肉、酒、香等供品到指定的地方祭天，以保佑人畜平安、五穀豐登。祭後舉行挖種儀式，俗稱動土，由一人面向吉利方位挖三下，然後再到田地的放水處祭祀田公地母。木匠們還要到魯班廟或村外樹林中供祭魯班，拿斧子砍樹三下；石匠則在村外石頭上錘三下，表示從此日起可以動土刨木了。

由此可見，對社神的祭祀，在以農為本的「鄉土中國」，總不可避免地既要包含著對村社鄉土一方之神的祭祀，也要包含著祈求保佑風調雨順、五穀豐產的內容。古代祭禮中祭社與祭土地等緊密相聯，「土」與「穀」合體而為「社稷」，說明社神即五土之神，能生五穀，而在農業民族中，這也是立族立國之本。所以，一些被視為具有安邦保國功勳的英雄人物，也會被奉祀為社稷之神。社神之祭，由此而成為中國各民族通行的傳統祭典。

田野考察實錄：廣州番禺社稷神祭

2019 年 4 月 7 日（農曆三月初三）早上，我在廣州市番禺區石樓鎮石一村龍興廟，參加北帝聖誕儀式。

儀式結束後，我在廟周圍走動。在廟側牆邊，看到一棵大榕樹，樹上貼滿紙符。大樹前面有兩個石香爐，一位梳獨辮的老太太正在上香。從樹的角度看的右側，有一個白石雕的石虎，大張的口裏被人塞了一個饅頭。按廣東風俗，

人有災病是非，懷疑衝撞了白虎，就會做一點法事，詛咒小人，祭獻白虎。走近樹前一看，果然有印著「男小人自退，女小人自退」的「小人紙」貼在樹上。不過，更多的，是「貴人紙」。

　　我請教石樓鎮龍興廟和靈蟠廟廟會活動的熱心人士黃家俊先生，他說：「榕樹在這裡是社稷之神，管全村人口。每年農曆二月初二是社稷之神的聖誕，這一帶的人都要來拜祭。拜完，就把紅色的貴人紙貼在樹上，請社稷之神保佑一年平平安安，有貴人扶持。」平時，附近的村民，遇到需要貴人幫一把的事，就會來樹前祭拜，貼貴人紙；如遇生活不順懷疑衝撞白虎或有小人作祟，也會來樹前祭拜，給石虎餵饅頭，在樹上貼小人紙，請社稷神管束白虎和小人。龍興廟的信眾，給廟裏供奉的北帝上香以後，也會轉過來給社稷神祭拜。

　　　　問：怎麼拜呢？為什麼拜？

　　　　黃：那個樹旁不是有一隻虎嗎，那是白虎，就要拜那個白虎，打那個小人。

　　　　問：什麼時候呢？驚蟄？

　　　　黃：正月十六。

　　　　問：打了之後就把這些紙符貼上去？

　　　　正在祭拜的大媽：白色的那個小人要燒掉，紅色的那個貴人就貼上。

　　　　問：我看有些地方還要給小人吃一點肥肉。

　　　　黃：祭白虎，用雞蛋，用豬肉，放到白虎嘴裏，你吃豬肉，不要咬我，大概這個意思。還有一種傳統的食品，我們這邊叫薄撐。

〔註4〕

〔註4〕訪談對象：黃家俊、拜祭大媽，訪談地點：廣東番禺石樓鎮石一村龍興廟，訪談時間：2019年4月7日，訪談人：鄧啟耀。

廟側的社稷神樹，旁邊的石虎嘴裏含著一個饅頭。廣東番禺，2019，鄧啟耀攝

樹上黏貼的各種「貴人紙」。廣東番禺，2019，鄧啟耀攝

「貴人紙」和「小人紙」。廣東番禺，2019，鄧啟耀攝

四、地方保護神

　　「土主」、「本主」、寨樁、神樹等，是西南少數民族常見的地方保護神。這些保護神可以是某種神靈，可以是某位傑出人物，也可以是某種象徵性標誌（寨樁、神石、神木等）上。

　　當然，傳統村社既是地緣性的集團，同時又與血緣集團甚至功能集團、利益集團緊密相聯，所以，祭社中要混合進這些內容，也是自然的了。在紅河兩岸的彝族寨子裏，每寨都有一棵寨神樹，樹下安放一個面盆大小的鵝孵石，作為神的象徵。當地彝族每年正月第一個牛日或龍日，要在這裡舉行「祭保」活動。祭保，彝語稱「咪嘠豪」，意為「祭祀神聖之地」。傳說彝族祖先在森林裏生活，常常被野獸襲擊，只得立很多樹樁把寨子圍起來。後來，有的樹樁活了，被崇拜為保護神加以祭祀。另一個傳說說祭保實際是祭一位叫可保的英雄。他為民除妖，保護地方安寧。後人選樹立石，奉為保護神。巍山、昆明等地彝族農曆正月十五日的土主會也是社祭的一種形式。在土主廟裏，人們祭廟、拜祖，圍繞神樹，高歌祭樹，有時還要請端公和師娘來跳大神。

　　哈尼族祭寨神的形式和稱呼都較多，如祭寨神、寨石、祭竜、祭龍、祭樹節、立寨門、祭「埃瑪」（一位護寨英雄）等等。這是哈尼族村社祭祀中較為隆重的祭典，有祭寨神、遊寨驅邪、祭水神、喝街心酒（賀生酒）、祭神樹等內容，要唱祭詞，表演除妖驅邪的舊事。

　　雲南金平苗族瑤族傣族自治縣哈尼族農曆二月屬龍日的「阿瑪突」，又叫祭竜或二月年。節日包括祭山、祭祖、祭社林等內容。節日第一天殺雞祭外鬼，並用竹簽編成符抵禦外鬼進入。清晨，全村男女老少都自動去井邊淘井，砍草掃地，然後，由魔巴或有威望的長老，殺白公雞、祭水井，同時祭山，因為他們認為水來自於山，山靠林養育。所以，這裡的民族一般都將水井造在竜樹下。中午祭寨心塔，寨心塔立於村寨中央，用泥土壘成，是建寨的最早地點。祭完，則以寨心塔為「竜頭」，每家湊一理想酒席，順坡往下排，人稱街心酒宴，凡男性都得參加，以示全寨同心協力。儀式完後祭竜樹林。竜樹林為村邊一茂密樹林，林中一草一木都不許亂動，女人則被禁止進入。祭竜樹時，魔巴、族長、長老三人帶領裝扮成一男一女的兩個小夥子，敲著鑼，帶著預先準備好的三個鵝卵石，血祭竜樹，三個鵝卵石，一個用木寨處女原紅染之，放於竜樹根前右側，稱祭龍（山與龍同一，有龍於山，則水清林茂）；一個用豬血染之，放於竜樹正中樹前，為祭社林，包括祖先；第三個石頭用狗血染之，放於竜樹根前左側，表示祭鬼。裝扮為一男一女的兩個小夥子象徵童貞，恭立樹兩旁，三長老一邊念誦祈求人丁興旺、五穀豐登、消災免難的咒語祭辭，一邊將三塊石頭獻上，進行拜祭。祭竜活動一共進行七天，以龍日前三天開始，停止一切生產和集市活動。如有不慎入寨者，則七天內不准出寨。

　　雲南滄源佤族自治縣佤族寨子中央所立的寨樁，佤族稱「光姆」。立寨樁時要選地，然後在選定地點埋一陶罐，村民投以錢幣，將寨樁插入罐口，搭屋遮護。祭寨樁在農曆六月。祭時村民圍著寨樁舞蹈，進行祭獻。

　　拉祜族有個節日叫「公母節」，每年正月、二月、六月、八月等時間裏，都要祭祀用木頭雕成、立在寨心的幾根柱子，其中主要有一男性柱、一女性柱，即代表「寨心神」，這就是村社的保護神。傣族的祭「社猛」也屬同類性質。傳說社猛是這地方的開拓者，死後為神。祭祀他以求保佑一方平安。阿昌族過去在村寨之上，相當於鄉的地方神，稱「色猛」。建寨時，「色猛」要建在寨後的山坡上，蓋有小草棚，旁邊栽著一些樹，小草棚前面有二人高的石柱（或木柱）立著，頂著一塊石板（或木板）。「色猛」管山管水，能保佑人畜健康，莊稼長得好。所以每年在快栽秧前的四月份的屬豬天，或屬虎天，要祭祀「色猛」一次。主獻者是鄉村裏最先建寨的男性長者。每戶出一個男人參加，去時自帶米去煮吃；每戶還要拼錢買豬、雞等祭品。祭的那天休息半天至一天，祭時供豬頭、全隻煮熟的公雞，獻飯。無關的人進入祭祀地，萬一走進了，得出錢，

參加祭獻，吃過飯才准離開。如果發生械鬥，參戰者得祭獻「色猛」，祈求保佑取勝。

1. 土主紙

土主是雲南部分地區的彝族、白族對地方保護神的稱呼。三頭六臂、手持各種法器的土主尊神，作為地方保護神，擔負著保護本土一方平安的職責。

土主尊神

土主座前的牛羊雞犬，象徵著在土主庇佑下，六畜旺、雞犬寧。祭祀時用一張紙馬，配三炷香、一份黃錢、一對錁子。

土主尊神。雲南騰沖

土主。清，雲南騰沖

土主。雲南大理

本竟（境）土主。雲南大理

本境地主

本境地主，巍山彝族地區叫土主，農曆九月十四日是土主的生日，就要獻他，請他保佑養雞豬六畜好養，不會發瘟病。

本境地主。雲南巍山　　　　　本境地主。雲南巍山

本境地主。雲南大理　　　　　本境福王。雲南大理

拜地主套符

拜地主祝詞。廣州　　　　　拜地主套符。廣州

貴人紙。廣州

貴人紙。廣州

貴人紙。廣州

八仙護家宅。廣州

和氣生財。廣州

平安符。廣州

吉星拱照，人口平安。廣州

貴人祿馬。廣州

地主金。廣州

地主金。廣州

地主衣。廣州

福祿壽。廣州

2. 本主紙

　　「本主」一詞，是局外人所用的稱謂。白族語音譯叫「朵博」（duo bo），「朵」是大，「博」是祖父。按性別區分，男性本主稱為「勞古」，即曾祖父；女性本主為「勞太」，即曾祖母。「本主」信仰，起自祖先崇拜，但發展為村社保護神。

　　白族的「本主」崇拜十分盛行，「本主」遍及村村寨寨，各村的本主各不相同，祭祀日期也不一樣。凡天神地鬼、龍王山神、皇帝聖賢、文官武將乃至傳說中的英雄人物，都可以成為各個村寨供奉的本主。每到當地本主的祭日，那裏的群眾大都要舉行相慶的祭祀活動；但逢重大節慶大典，白族地區更是風行「迎神賽會」，舉行各種迎送本主的隆重儀禮。有的本主祭會，因規模太大，歷史悠久，已演變為民族的傳統節日。在有的地方，「本主節」還要表演耍牛舞，舉行各種農事祭祀活動。大理白族傳統的「繞三靈」盛會，據研究也是古

代羌人社樹活動的遺俗。繞三靈活動中心，本主廟聖源寺有對聯道：「本是為民祈雨澤，主乎斯土享馨香」，說明這個活動實際上是栽種水稻前的祈禱儀式。

白族傳說，世上本無人類，一次宇宙大變動，龍腮中迸出的肉核變成一男一女，男的叫勞古，女的是勞泰。二人結為夫妻，生了十個兒子十個女兒。為生存，十雙兒女奔向四面八方尋求生活的本領。後來，兒女們都從自然界的動物如燕子、野豬、螞蟻、啄木鳥、蜜蜂、蝴蝶等那裏學到了生活的本事，因此被後人分別尊為獵神、火神、木神、紡織神、漁神、農神、花神、灶神、藥神和歌舞神。為繁衍人類，勞古勞泰叫十雙兒女也配成夫妻，各自到一個地方住下來，子子孫孫又繁衍下去，形成了十個部落。勞古勞泰被後世尊為天公地母，成了大理某地的大本主，兒女們也分別被奉為十個村寨的本主。

本主封號系統，是白族本主信仰模式的顯化系統。從本主神系封號，可以直接看到道教、佛教以及巫教對本主信仰體系的影響和滲透。白族將一些自然現象、動物、植物、為民除害的英雄（如傳說中的殺蟒英雄杜朝顯）、烈女（如殉夫自盡的柏潔夫人）、帝王將相（如忠誠的將軍馬三爺、被奉為「清官本主」的清平官鄭回）、菩薩神靈（如觀音老祖、大黑天神、玉皇、城隍、二郎神），甚至敵方將軍（如唐朝率兵征伐南詔全軍覆沒的唐將李宓），都奉為本主。本主神系裏有「七十二景帝」之說，這七十二景帝據說就是道教的七十二地煞。此外，本主廟還供奉有孔子、觀音、彌勒佛、韋陀、四大天王、太上老君等，所以說，本主崇拜模式是典型的儒、道、釋、本多教合一的信仰系統。

洱海地區本主神系封號結構：

中央本主
↓
九堂神
↓
十八堂神
↓
七十二景帝
↓
五百神王

這是個寶塔型結構的神系，明顯地具有等級區別：「中央本主」，一般認為是南詔清平官、大軍將段宗榜。他是「神中之王」，統管「本主」神界。段宗

榜還兼「九堂神」中的獅子國王──德天心中央皇帝。「九堂神」的其他的神號分別是：靈鎮五峰建國皇帝；鶴陽摩呵金缽伽羅大黑天神；賓陽王崇建國雞足名山皇帝；曩聰獨秀應化景帝；鳳罔闔闢乾坤懿慈聖帝；河龍王妙感玄機洱河神帝；鄧睒白姐聖妃神武阿利帝母；桑霖元祖鎮子福景帝。在洱海地區，這「九堂神」是「中央本主」之下最大的上層神祇，除段宗榜與大黑天神以外，都是古代白族巫教的神祇。

「十八堂神」，還沒有查到姓名和封號，但白族學者認為他們也均是上層神祇。「七十二景帝」，據說是道教的七十二地煞，屬於下層神祇。「五百神王」，傳說是「五百金雞」。「金」在此處是「神聖」之意，因白族先民盛行雞崇拜，後演變為村社的保護神。「五百金雞」是遍布於各村寨的「本主」。各村寨的「本主」，分管著人間天上大大小小的事情，有天神、日神、月神、雲神、雷神、雨神、星神、山神、海神、獵神、五穀神、水神、愛神、藥神、歌舞神、美神和酒神等等，各有領地，各司其職。自然神本主、英雄義士本主、忠良節女本主、帝王將相本主。

這個神系封號說明兩個問題：首先，從封號的寶塔結構看，顯然吸收了其他宗教神祇系譜和世俗君臣結構中的等級概念，「神、權合一」的特點突出；其次，從封號內容看，巫教神祇、佛教神、人間君王、道教神、自然神都有，「多教合一」的特點顯而易見。

白族全民崇拜「本主」，「本主」是白族人一生的信仰寄託：舊時初生嬰兒，要請本主神賜名；學業取得功名，要到本主廟獻祭感謝；成婚，新郎要由老人領去本主廟獻三牲求護佑；進入老年，幾乎無一例外的會自願加入供奉本主的民間宗教團體蓮慈會或彌陀會（均為女性）、洞經會（男性），他們除平時伺奉本主外，還承擔年節中重大祭祀本主活動的主要組織工作；人去世，更要祈求本主對亡靈的安撫……按白族人自己的話說，一輩子都交給本主了。

本主正神

在大理，每個村都有自己的本主，祭祀時間不一。有的幾村甚至幾縣共祀，如雪山太子為鶴慶縣壩區山區同奉的本主，品殿大王為祥雲縣 13 村本主；有的只是某村獨有，如西山皇帝是大理海西和洱源縣梅和里村的本主，老太之神是大理海東老太箐村本主；而本主正神則較為通用。這些本主各有故事，性格也不同。比如雪山太子，性子太冷，活人遇著他，送鬼都送不走。

本主正神。雲南大理

本主正神。雲南大理

本主娘娘

本主娘娘。雲南大理

3. 南詔大理諸王及相關人神

　　南詔大理國是唐宋時期在以巍山、大理為中心建立的地方政權。南詔國歷經13代王，大理國歷經代王，以及與他們相關的許多文臣武將，甚至敵方武將賢臣，都被民間奉為本主。〔註5〕

　　鐵柱三郎

　　「唐標鐵柱」是唐代雲南重要的文化事件之一。鐵柱為盟誓和權力的象徵

〔註5〕以下有關大理地區本主的介紹，除現場訪談外，還參閱了趙寅松、楊郁生主編：《中國木版年畫集成·雲南甲馬卷》(集成總主編馮驥才)，中華書局2007年版。

物，在鐵柱前祭天，是當時部落聯盟民主制以「神判」推舉盟主的儀式。九首
領鐵柱祭會時，有鳥飛歇鐵柱並落於坐在後排的細奴邏家肩臂，八日乃去，眾
人以為神靈顯兆，老盟主遂將部落聯盟的頭領位置推讓於細奴邏。鐵柱三郎相
傳三人為南詔王兄弟三人，都稱「白馬將軍」，分別居祥雲紫金山、大理鳳儀
和彌渡紅岩。

本境鐵柱。雲南彌渡

唐代《南詔中興畫傳》之第六化中的祭鐵
柱。〔註6〕

大聖建國皇帝

又名中央愛民皇帝、清平景帝，是大理地區最高本主，五百神王之首。

大聖建國皇帝。雲南大理

大聖建國皇帝。雲南大理

〔註 6〕李霖燦：《南詔大理國新資料的綜合研究》，（臺灣）故宮博物院 1982 年版，第
136 頁。

景莊皇帝

雲南彌渡傳說景莊皇帝南詔國第十一世王世隆，又名酋龍，謚號「景莊皇帝」。又有說「景莊皇帝」是由白馬崇拜演化而來的本主。〔註7〕

景莊皇帝。雲南彌渡

武宣皇帝

武宣皇帝是南詔第十二代王隆舜的謚號，又名「阿嵯耶武宣皇帝」，他身邊侍者頭戴之帽，疑似白族地區密宗阿吒力僧的僧帽。

武宣皇帝。雲南洱源

〔註7〕參閱了趙寅松、楊郁生主編：《中國木版年畫集成‧雲南甲馬卷》（集成總主編馮驥才），中華書局2007年版，第198頁。

西山皇帝

雲南洱源梅和里等十餘個村和鄧川五個村供奉的本主，傳說他到西山採藥為親療疾，「飲椒仁以成名」，大孝大忠，被奉為本主，故又稱「花椒本主」。但大理的「西山皇帝」又被標名為「鄧睒詔主」。從造像看，疑非一人。

西山皇帝。雲南洱源　　　　　　　西山皇帝。雲南洱源

西山皇帝。雲南洱源　　　　　　　西山皇帝。雲南大理

柏潔夫人／鄧睒詔

柏潔夫人的故事在大理地區家喻戶曉。傳說南詔國建立之前，兄弟六人主政六詔，並立分治。蒙舍詔為了吞併其他五詔，借星回節祭祖為名召集兄弟聚會。鄧睒詔詔主的夫人柏潔預感有事，勸丈夫不要去，但鄧睒昭詔主執意前往。蒙舍詔詔主火燒松明樓，把在樓上祭祖的兄弟全部燒死。柏潔夫人

憑著臨行前給丈夫戴的鐵鐲，認領了丈夫的屍骨並以身殉夫，被民眾奉為本主。

柏潔夫人、鄧睒詔。雲南洱源

柏潔夫人、鄧睒昭。雲南大理

柏潔夫人、鄧睒昭。雲南大理

聖母娘娘（柏潔夫人）。雲南洱源

聖母娘娘。雲南大理

聖母娘娘。雲南大理

聖母娘娘。雲南大理

柏潔聖母、慈善夫人。雲南大理

柏潔聖母、慈善夫人。雲南大理

白姐（柏潔？）聖妃。雲南
鶴慶

馬三爺神

　　馬三爺是鄧睒昭詔主的隨從，武藝高強，為人耿直。蒙舍詔詔主害死鄧睒
昭等詔主後，欲聘他為大將軍，他自刎而不從。民眾感其義，奉為本主。因他
姓馬，也被奉為為「馬神」，分管畜牧。

馬三爺神。雲南洱源

馬三爺神。雲南洱源

清官本主

　　清官本主即南詔時被聘為「清平官」（相當於宰相）的漢人俘虜鄭回。民
間有很多他為民解難的傳說。

清官本主。雲南洱源　　清官本主。雲南洱源　　清官本主。雲南洱源

打獵將軍

　　所謂「打獵將軍」，是大理地區六詔時期，奉令通知鄧賧詔詔主參加六詔之會的信使，後來得知詔主在松明樓被燒死，悔恨難當，也跟著自盡了。這位有情有義的將軍便被人們祀為地方的山神和保護神，在巍山縣北部西邊大寺旁邊修有「打獵將軍廟」，也成為當地土主廟。過去趕馬的路過「打獵將軍廟」，都要進去燒幾炷香。人病多，出去撞到打仗死的鬼魂，也要祭獻打獵將軍。

打獵將軍。雲南巍山　　打獵將軍。雲南巍山　　打獵將軍。雲南巍山

打獵將軍。雲南巍山　　打獵將軍。雲南巍山　　打獵將軍。雲南巍山

紅土壘築的「打獵將軍廟」。為詔主獻身「打獵將軍」，後來成為佑護趕馬人的土主，被人立廟祭祀。雲南巍山，1998，鄧啟耀攝

三位姑孃

相傳南詔之前的首領張樂進求無子，生有三個女兒，三女嫁給南詔王細奴邏。三位姑娘善良愛民，受到彌渡百姓祭拜。[註8]

三位姑孃。雲南彌渡

〔註 8〕趙寅松、楊郁生主編：《中國木版年畫集成·雲南甲馬卷》（集成總主編馮驥才），
中華書局 2007 年版，第 223 頁。

4. 神或英雄型本主

二郎景帝

即二郎神，大理地區洱源、鶴慶等地多奉其為本主。

二郎景帝。雲南大理　　　　　二郎景帝。雲南大理

三崇皇帝

三崇皇帝為南詔時所封五位山神之一，為「賓陽三崇建國雞足名山皇帝」，即雞足山山神。又有傳說，明朝兵部尚書王驥在雲龍被毒死，追封為「三崇建國雞足皇帝」，從而成為雲龍地區的本主。當地傈僳族因崇拜王驥，也奉「三崇老爺」為本主。

三崇皇帝。雲南大理

大莊天王

大莊天王的本主封號是「大莊天王聖德景帝」，所祀為古代白族首領張仁果，為彌渡大莊營本主。

大莊天王。雲南彌渡

惠康皇帝

洱源上村樵夫趙善政有孝行，有一天上山砍柴，天上掉下一塊巨石，上書「善政為天子」，後果然掌權。死後被尊為惠康皇帝，為洱源上村等村的本主。

惠康皇帝。雲南大理

惠康皇帝。雲南大理

景帝之神

在大理地區，被稱為「景帝」的本主有好幾位，如二郎景帝、西方景帝、天子景帝等，其說也多種多樣。如西方景帝，有說是佛教護法「西方廣目天王」，有說是「西山本主」演變而來。

景帝之神。雲南大理　　　西方景帝。雲南洱源　　　天子景帝。雲南大理

福民景帝

「福民景帝」是洱源鄧川元井村本主。傳說他和「國光皇帝」「匡聖皇帝」是三兄弟，他們出征有功，被立為本主。

福民景帝。雲南洱源　　　　福民景帝。雲南洱源

國光皇帝

「國光皇帝」是洱源舊州新加村本主。傳說他在姑媽輔佐下創立基業，被封為西湖本主。由於他喜歡餵養紅公雞，所以接本主時要供一隻紅公雞和三牲。

國光皇帝。雲南洱源　　　　　　國光皇帝。雲南洱源

東山安民富境靈帝

俗稱「東山老爺」，是鶴慶小水等 17 大村的本主。相傳東山老爺生性風流，常與小教場村的本主白姐幽會。有一次被人發現，他忙中出錯穿了白姐的一隻鞋。所以他的塑像，一隻腳穿靴，一隻腳穿女人的繡花鞋。

東山安民富境靈帝。雲南鶴慶　　東山安民富境靈帝。雲南鶴慶

紅山皇帝

紅山皇帝即紅山本主，是雲南大理洱海邊雙廊漁村奉祀的本主。每年開海節，都會在洱海紅山半島的紅山本主廟祭祀海神（參見本書第六章第四節田野考察實錄「雲南大理白族開海節」）。

紅山皇帝。雲南大理

品殿大王

傳說是玉皇腳下的一個大王，玉皇封他管大殿。他也是管雲南大理的本主和祥雲 13 村的本主。

品殿大王。雲南祥雲　　　　品殿大王。雲南祥雲　　　　品殿大王。雲南祥雲

白馬將軍

白馬將軍也是白馬神，雲南鶴慶、洱源、彌渡、祥雲、下關等地均奉為本主。

白馬將軍。雲南鶴慶等　　　白馬將軍。雲南鶴慶等　　　白馬將軍。雲南鶴慶等

東海凌（靈）雲（源）

雲南大理洱源本主。因洱源之東是洱海，故稱東海。

東海凌（靈）雲（源）。雲南洱源

洱河靈帝

雲南大理喜洲河莨（山字頭，下良）村本主。一般認為是白族民間故事中大名鼎鼎的斬蟒英雄段赤城，亦有人認為是哀牢九隆神話中與民女沙壹通而生九子的龍神。

洱河靈帝。雲南大理

將軍洞之神

雲南大理市下關鎮境內蒼山斜陽峰麓上村西將軍洞，是當地李姓在明末清初建的本主廟，供奉大唐敗軍之將李宓。唐天寶年間，朝廷派劍南節度使鮮于仲通和大將李宓先後率大軍二十萬眾兩度征伐南詔，結果都全軍覆沒。這便

是歷史上有名的「天寶之戰」。南詔建萬人冢安葬唐軍將士。民間傳說，李宓死後並不為難地方，而是經常為民解難，故被奉為本主。

將軍洞之神。雲南大理　　　　將軍洞之神。雲南大理

老太之神

關於「老太」，不同地方有不同的傳說，有說老太是唐將李宓的三女兒，有說是觀音的化身，也有說是龍王。由於她給大理海東引水救旱，搬山造出平壩，所以大理海東老太箐村奉為本主。如果在水邊行走，衝撞到一種叫「姑悲惹」（意為「出沒於河流邊的靈魂」）的邪靈，身上起斑疹，就要祭拜管著「姑悲惹」的「老太」，在豬圈中打滾，用生韭菜塗抹患處。因為「老太」喜淨怯污，在豬圈中打滾，塗抹神靈忌諱的生韭菜，便能把「姑悲惹」從身體中逼離，達到「以穢致淨」的目的。

老太之神。雲南大理　　　　　姑老太之神。雲南大理

武侯神君

諸葛亮南征到雲南少數民族地區，以安撫為策略，為地方做了一些好事，故被奉為本主，民間藝人還把他奉為祖師。

武侯神君。雲南大理

三星太子

據大理金梭島漁村本主。傳說金梭島原來荒草叢生，妖猴作怪。村裏三兄弟殺死妖猴，大哥張石哥也在搏鬥中喪生。村民為感念除妖英雄，立他為本主作為地方保護神。

三星太子神位。雲南大理

五官本主

又稱「五官之神」，是雲南洱源右所鄉大花園村的本主。〔註9〕

五官本主。雲南洱源

九龍神子

傳說，雲南大理洱源九龍神有八子一女，都被封為各村本主。八子分別按排行稱「老爺」，分居洱源、鶴慶各村；九姑娘外嫁鄧川，是鄧川漏邑村本主。

五爺之神。雲南洱源、鶴慶等 　　五爺之神。雲南洱源、鶴慶等 　　五爺之神。雲南洱源、鶴慶等

〔註 9〕趙寅松、楊郁生主編:《中國木版年畫集成‧雲南甲馬卷》(集成總主編馮驥才)，中華書局 2007 年版，第 103 頁。

六爺之神。雲南洱源、鶴慶等　　　六爺之神。雲南洱源、鶴慶等

八爺之神。雲南洱源、鶴慶等　　　八爺之神。雲南洱源、鶴慶等

赤子三爺

　　赤子三爺在雲南大理壩子裏是一位很有名氣的本主，許多村子都供奉他。關於他的原型，各村看法不一樣，有的村子認為他是南明抗清名將李定國，有的則傳說他原為水神和蝗神。〔註10〕

〔註10〕趙寅松、楊郁生主編：《中國木版年畫集成・雲南甲馬卷》（集成總主編馮驥才），中華書局2007年版，第86頁。

赤子三爺。雲南大理

5. 靈物型本主

雪山太子或雪山娘娘

據說指雲南麗江境內的玉龍雪山，麗江對其有崇拜，但沒有奉其為本主，而鶴慶壩區山區各村普遍奉其為本主。

雪山太子。雲南鶴慶　　雪山太子。雲南鶴慶　　雪山太子。雲南鶴慶

石岩本主

雲南大理白族地區把石頭奉為本主的很多，大理、洱源、鶴慶、劍川、雲龍等地村落，都會供奉一些黑色、白色的石頭或紅砂石，關於石頭的神話傳說也很多，如巍山女媧補天的遺石、劍川石寶山焦殼狀紅砂石來歷及石鐘的形成、阿央白石縫女陰生子傳說及在石縫抹油求順產的習俗、觀音負石嚇退入侵者等。

大王石老爺。雲南大理　　　　石岩本主。雲南洱源

神牛老爺

雲南大理葭蓬村及鶴慶小馬廠共祀的本主，又稱「牛王老爺」「黃牛本主」或「黃牛大老爺」。

神牛老爺。雲南大理

得道龍王之神

所謂「得道龍王」，其實是樹疙瘩，被大理陽鄉村和洱源鐵甲村奉為本主。〔註11〕

〔註11〕趙寅松、楊郁生主編：《中國木版年畫集成・雲南甲馬卷》（集成總主編馮驥才），中華書局 2007 年版，第 82 頁。

得道龍王之神。雲南大理

小黃龍

小黃龍是雲南大理綠桃村本主。

小黃龍。雲南洱源

田野考察實錄：雲南大理白族「祭本主」

仁里邑是雲南大理喜州鎮周城辦事處的一個大村，喜州白族的主要聚居地。仁里邑接本主為時三天，全村人要將本主從本主廟裏接出來。

中午一時，村中的道路已擠滿了人。每年接送，村裏都會出動汽車、拖拉機，不分彼此地一起出發，連上走路的，趕車的，騎自行車和摩托車的，在山路上人頭攢動，那場面很是震人。由各個自然村組成的隊伍，拉著各自的彩車相繼走向本主廟。拉車的是清一色的青壯年，車是古式木輪車。儘管現在交通

發達，從喜州到大理，不用再走半天路，但仁里邑接本主至今還用木輪車，因為這是老古輩傳下的規矩。

各村的彩車來到本主廟所在的古戲臺前的大場壩上時，都要燃放鞭炮，全體接車的人在硝煙裏憋足勁「啊」地大喊著拉車瘋跑，繞著大青樹轉兩圈才停下來。這是各村實力的顯示。

接著，人們興高采烈地把本主從本主廟中背出來，恭恭敬敬放在彩車上。背本主時，本主須面朝藍天，臉上遮面紅旗或黃旗，以免在太陽下走光，對本主不敬。

本主廟的九尊本主木雕像相繼被放到彩車上。仁里邑的總本主高仁義，原是洱海沉木，漂到仁里邑村被雕為本主，敕封高明皇帝；全體本主依次為沉河登的太子本主、陳家登的高新宮本主、周遇登的七眼將軍、大寺登的舊本主、蘇家小屋的新官本主、大娘娘、二娘娘。

古戲臺前、村道邊站滿了人，連大青樹上也爬滿了人。每戶人家門口燃一盆乾柏枝、木香和粗大的紅香，香煙嫋嫋；供桌上擺放水果、菜肴、酒水；供桌旁總有七八個老齋奶守候在那裏，待本主經過時燃放鞭炮、焚化紙文、擂鼓鳴鑼、誦經祈禱、跪拜本主。

接本主的隊伍開始移動。各種響器敲起來了。眾人爭相拖曳著木車前行，車後緊緊尾隨著身穿馬褂，頭戴瓜皮小帽或氈帽的老頭們和頸掛長長佛珠、手拈三柱香的老婦們。至尊的木車上與本主同乘著一些男青年。他們獲此殊遇，是因為新婚不久，希望和本主靠近些、熟絡些，拉拉關係。本主可以看在熟人的面上，保佑他們早早抱個大胖小子。

拉車的漢子們似乎不買這個賬。行進中，他們會突然將車頭高高翹起來，又突然放下，讓車上的養尊處優者鬧個人仰馬翻，引起陣陣哄笑。這時本主脾氣也好得很，笑眯眯任由眾人把自己搞得顛三倒四。

最後本主被擺放於一個巨大的青棚內。人們圍著本主通宵達旦誦經歌舞，歡樂三天。〔註12〕

〔註12〕以上部分撰寫：蔣劍、周凱模，選自鄧啟耀主編（文字）《雲南人文影像》，雲南民族出版社 2004 年版。

白族本主巡遊和化裝舞者。雲南省大理白族自治州，1996，周凱模等攝

在本主廟演奏洞經音樂的白族老人。雲南省大理白族自治州，1998，周凱模攝

五、區域性遊神

　　區域性遊神，是鄉村聯宗或村社結盟的一種象徵性方式。

　　在以單姓或大姓為主體的鄉村，或將所祀神靈供奉於祠堂（如李姓為大姓的廣東省東莞市石排鎮塘尾村的梅庵公祠供奉康王），或將祠堂轉型為廟宇（如廣東省廣州市番禺區沙灣古鎮把一個祠堂變為北帝廟），然後通過遊神的路線，串聯起各個分祠。

　　在多姓宗族雜處的村落群，則共祀一個或數個大神。或由大姓發起遊神，其他村落和宗族前往掛名慶賀，而遊神路線也有更大範圍的設計，囊括各村各姓（如廣東順德大馬齊由陳氏宗族主導的遊神）；或由各村各姓協商輪值，一是每年一個村或姓主辦，一是在一個祭祀時段內順序做東。這類遊神，往往持續十天半月。

田野考察實錄：廣東東莞康王寶誕遊神

　　在廣東省東莞市石排鎮塘尾村，李姓是大姓。每年農曆七月初一和初七，塘尾村要舉行全村性的「康王寶誕」遊神活動，表現隆重的紀念、祝壽、祈禱和酬神。最主要的活動程序包括：初一解穢、出位、沐浴、更衣、康王巡遊；巡遊之後從初一到初七一直接受村民供奉拜祭，期間請戲班唱大戲、或組織文藝晚會供村民娛樂；初七下午贊壽、康王出巡、答地頭、安座，以及千人宴和「神燈」競投等活動項目。

活動日期、時間（農曆）	康王寶誕活動內容
六月二十至三十日	籌備活動、購置活動材料等
七月初一凌晨零點	打鑼通知村民迎接康王寶誕
七月初一上午 9 點	解穢，康王印開封，在村民願紙上蓋印
七月初一上午 9 點 15 分	出位
七月初一 9 點 20 分	沐浴
七月初一 9 點 25 分	換帥盔
七月初一 9 點 30 分	壯行（在祠堂前焚燒大量紙品）
七月初一 9 點 30 分到 11 點／14 點	巡遊／康王印封印
七月初一到初七	供神、唱大戲
七月初一和初七晚 19 點	千人宴
七月初七中午 13 點	贊壽（在供案前焚燒咒符、紙符、紙錢）
七月初七下午 14 點	食貢（焚燒大量紙品）
七月初七下午 14 點 30 分	開始巡遊，答地頭（沿路祭祀點焚燒大量紙品）
七月初七下午 15 點前後	在李氏大宗祠再次接受食貢（焚燒紙品）
七月初七下午 17 點前後	踏青，拜古村四門（焚燒紙品）
七月初七下午 17 點	回梅庵公祠安座（在祠堂前焚燒大量紙品）
七月初七下午 20 點	競投神燈

　　「康王寶誕」民俗活動是石排鎮塘尾村李氏宗祠主導的一項歷史悠久，在當地有著固定時間和地點，影響十分深遠的民間酬神活動，於 2007 年被公布為廣東省非物質文化遺產名錄之一。為了更好地保護和傳承這一文化遺產，石排鎮文化廣播電視服務中心於非物質文化遺產普查之際，通過大量走訪、深入挖掘，整理出了康王寶誕活動的歷史淵源和詳細流程，並對其傳承的瀕危狀況、今後保護發展做了全面的考察研究。我們在 2011 和 2018 年分別對康王誕情況做了多次訪談並參加了全程活動考察，現總結報告如下。

　　據《塘尾李氏族譜》記載，近三百年前，每逢農曆七月初一至初七，先民在古村裏以隆重而盛大的「抬大神」巡遊活動，來紀念北宋抗遼名將康保裔的生日——「康王寶誕」，以祈求康王保佑風調雨順，五穀豐收。至今，這一民俗活動仍然受到廣大群眾的真心關注，有著廣泛的影響，已成為活動區域內凝聚族人的橋樑和紐帶。

　　《宋史》記載：康王原名康保裔，河南洛陽人，北宋時任龍捷指揮使，因作戰勇猛，屢建功勳，升至高陽關都部署，忠義名聞天下。咸平二年十月，遼國大舉入侵北宋，康保裔率軍與遼軍激戰於河間，因孤軍被困，兵盡箭絕，他與祖、父三人力戰至死。康保裔殉國後，民間因其忠義，建廟供奉。《宋史》也將康保裔列為《忠義列傳》的首位。北宋神宗時他被封為英顯王，南宋寧宗時被封為「威濟善利孚應英烈王」。其忠心報國、勇猛殺敵的英雄氣概為後人所敬仰，全國各地建有眾多康王廟，被神化稱為康王、康帥和康真君等，至今在珠三角一帶，仍有多間康王廟留存。康王的生日是七月初七，每年的這一天便成為祭拜康王的重要日子。

　　塘尾明清古村落裏面的梅菴公祠供奉「康王」神像，已有三百多年歷史。相傳清朝初年，塘尾李氏七房有一戶走街串巷的收買佬，在一座廢棄的破廟裏見到布滿蜘蛛網、蒙上厚塵的康帥神像。他看到菩薩（村民有時這樣稱呼康王）淒涼，就問菩薩要不要跟他回家。他連續打了 3 個聖杯，都顯示願意，就把康王神像請到七房祠堂廳內，恭敬祭拜，從此年年順景，財源廣進，老少平安和睦。族人們見狀，也請求把神像請到各房公祠內供奉，一起拜康王。為了滿足各房子孫爭著供奉康王帥府神像的請求，族人商定每三年一次輪流到各房支安座，逢輪換安座之年初一，全村人都來迎送康王帥府過廟。就這樣一房傳一房，康王輪流坐各房公祠。從此，李氏子孫幸福安康，人丁興旺，戶戶殷實。

對康王的供奉在這一帶很盛行。我們曾在一個公祠裏看到有個銅鐘，請教梁叔是做什麼用的。梁叔說那個鐘在寶壇，只在神誕的時候敲幾下，通常都不可以隨便給別人敲，以免驚動神位。不用敲鐘，你來上香，神都知道。康王誕時敲三下鐘，就是「我來了上香」的意思。現在那個鐘在寶壇（橫山管理區），也是一間康王廟。那個康王廟是代表這一帶地方的。這一帶地方叫「雲崗鄉」，雲崗分兩個鄉，一個是碶（石）崗，從菊下到塘尾。

平時，村里人家裏有事，都會來拜康王，祈求保護。例如，十年生日、求、嫁女、考上高中和大學，都會請專門給人做儀式（包括打小人、各種祭祀儀式、婚嫁）的神婆來拜。初一十五也來點一柱香。村民認為，康王公很「得勝」（很靈的意思），保人出入平安。康王公一般都開門的，有人來打理的，朝香晚燈。在每年農曆七月初七康保裔的生日，全村人從七月初一至初七，都舉行盛大的康王巡遊活動，抬著康王神像遊遍各房大小祠堂的「地頭」，讓康王護佑全村家家戶戶。

塘尾 87 歲的老伯李陳昆老人回憶，康王誕最壯觀應數清朝中後期，尤其是在塘尾商業蔚起的光緒年代。每年的「康王寶誕」成了遠近鄉村爭相觀看的節日。那時候的活動由村裏德高望重的老者主持，指派頭戴銀花帽的打鑼會、鳥槍會共兩百多人護送康王出巡，還有八音樂器隨行，身穿古裝的隊伍蔚為壯觀。而每年的康王寶誕都會請來兩班大戲，從七月初一至初八，日夜輪演，可以想像當年舉行「康王寶誕」時的情景與盛況。古村管理處的謙叔拿出珍藏的老照片給我們看，那是 1948 年康王誕拍的。照片上的人都穿著白色的打底衫，黑色的雲紗衣褲，抬著轎在村裏巡遊的樣子。那時候是統一服裝的（現在不要求），全村人都可以抬，而且是爭先恐後地搶著去抬。「這張 1948 年的老照片是當時在布廠的總經理拿相機照的，一般人根本就不會有相機，多虧這位經理把照片留了下來。」

近百年來由於政局動盪與社會變革，特別是文革十年對「封建迷信」的批判與禁止，塘尾村的「康王寶誕」民俗一度被廢止。謙叔告訴我們，康王寶誕是 1994 年才恢復的。當時瞭解康王寶誕儀式程序的人寥寥無幾。只有昆伯完完整整地道出了康王寶誕的詳細程序，為恢復儀式付出了很多的努力和準備，所以今天康王寶誕才能如此的盛大和隆重。

現在「康王寶誕」活動的相關事務都由塘尾村李氏宗祠的族人所成立的「心誠社」操辦，全村幾乎各家都加入了「心誠社」。在村民心目中，康王寶

誕是塘尾村一個重要的節日。在外地經商的族人，過年不一定回來的，康王寶
誕都會回來，不管是年輕人還是老年人，就算是 80 多歲的老年人也一樣會回
來。那些出嫁女也會回來參加，包括在港澳、海外的族人，以及在塘尾村投資
的企業家們。不少族人乘飛機、搭火車，從海外、港澳、廣州等地趕過來，參
加一年一度的盛事——康王寶誕。做康王寶誕活動的錢來自村民集資，不動用
公家錢，每年花費都要好幾萬。村民自發做會，會裏的人每人一年固定交 50
元參加康王誕。沒有參加做會的人沒有資格在康王寶誕期間參加村宴。康王寶
誕在初一、初七這兩天會舉辦千人宴。

據村民介紹，每年農曆的 6 月 20 日左右，塘尾村民就開始籌備「康王寶
誕」活動，由村民組成的心誠社成員牽頭，置辦香、燭、彩旗、燈籠，以及各
種祭拜用品，並分派人手組織醒獅會、打鑼會、鳥槍會、號角會和彩旗會，安
排好活動期間的各項事務。同時，村民們會將康帥府內的金牌、龍椅擦洗乾淨，
清除地面塵土，搞好神臺衛生。

供奉康王神像的是梅菴公祠（村民稱其為「梅祖」）。公祠正廳正中間的牆
前是放祖先牌位的地方，但上面沒有一個牌位。古村管理所的梁叔說，祖先牌
位其實大部分都在，有些還是從明朝留下來的，文革時被人藏起來了，但現在
不敢擺出來的原因是有些遊客認為是古董，會來偷神牌，只好鎖到管理所裏，
過年時才放回去。之前這裡的香爐都是銅的，現在全都換成瓷器或者鐵的。原因
也跟上面的一樣，那些旅客會來偷，所以現在梅庵公祠都會上鎖，不給一般的
人進來。梅菴公祠的右邊供奉著康王，梁叔每天都會來上香。康王像前面不遠的
地方有一個玻璃櫃，裏面放了 17 個小神像，有關帝、文昌、仙後娘娘……都是
金身，每座前面都放一個圓形的小鏡子，據說那鏡子會照到信眾，保佑他們。

我們在農曆六月二十一日去梅菴公祠的時候，梁叔正在弄紙紮，他說是
「斗」（諧音），大概是一個圓桶，只是上下圓面積大小不一。我們問他這個是
用來做什麼的，他告訴我們裏面會放一些紙元寶之類的東西，用來分地界，起
了房子之後要燒這個，告訴先人自己現在住在那裏。這時必須裝一斗金，一斗
銀。在祠堂牆邊，還堆放著十三個用紅紙弄成的托盤（叫神盤），裏面放有神
帽、神靴、神衣（衣服的顏色有規定，只能是粉紅、紅、綠、黑四種顏色，是
戰衣）。梁叔告訴我們，那個靴子是戰靴，因為康王以前是一名武將，那是給
他供奉的靴子。托盤的數字每年不是固定的，需有人提前訂做，大概 30 元一
個，用來康王誕當天中午燒的。過幾天我們再去梅菴公祠，梁叔正和一些人在

公祠中央的空地上鋪木頭墊底，然後鋪上紅色的木板。這是在弄康王誕時拜神用的檯子，給前來參拜的信眾用。同時，在老人活動中心和村委會旁的大戲院，公布康王誕期間已交會費的心誠社成員名單，名單上的名字可以在初一和初七在戲院吃兩頓。如果人們發現沒有自己的名字就會趕快補交會費。

在古時候，村裏還要請來師傅提前三個多月趕做麟兒圖，用來打賞或分發，供人賞玩，品種有數十套之多。七月七下午在炮仗墩（塘尾地名）接炮頭，每接一個炮頭賞麟兒圖一套。同時，村民們還要在康王誕活動之前把村圍正巷擺成花街，由北門到正巷口，左右兩旁擺滿上千盆各種鮮花。姹紫嫣紅，芬芳四溢，裝點著塘尾村圍，烘托著節日氣氛，為接下來的「康王寶誕」活動做好充分準備。

到了農曆六月三十晚上、七月初一凌晨交接的子時，心誠社便會安排村民，沿村內各個大街小巷徹夜打銅鑼直到天亮，提醒村民到了康王寶誕的盛大節日，讓村民做好迎接康王寶誕的準備活動。打鑼的節奏為「咣咣咣咣咣、咣咣咣咣咣、咣、咣」五短兩長之聲。村民們聽到鑼響，便會在清早起床後沐浴，換上靚衫、靚鞋，匯聚到供奉著康王的梅菴公祠的廣場上，好像過春節一樣的準備過康王寶誕這一盛大節日。

七月初一一大早，塘尾古村東門，已經有人擺攤出售康王誕用的香燭紙品。廣東東莞，2011，鄧圓也攝

康王出巡是「康王寶誕」活動最具特色的重頭戲，需要舉行一系列儀式。

「康王印開封」：康王誕第一天開封康王印，由村裏選出的廟祝蓋印在那些寫著出入平安、身體健康、學業進步的符紙上蓋印。符紙上有這個印就是康王坐鎮，有求必應。初一時賣給信眾，收入用於每天上香的費用、廟祝的人工和其他費用。康王印當天上午用過，到下午兩點就要封印。

開封康王印。廣東東莞，2011，周凱模攝

「解穢」：康王出巡前，村民們先到村中古井中打一桶清水，放入香茅、柚葉，燒開備用。到早上八九點左右，在出巡前，要請南無佬（音「那摩佬」，指會做法事的道士）舉行祭祀儀式。南無佬手持銅鑔，一面敲打一面念誦請神的經文，唱頌康王功德，祈求康王出遊巡視塘尾，保佑村民安康。念經之時，村中長者要隨著南無佬的經文合掌膜拜，焚香燒紙，恭請康王出位巡遊，這個程序村民稱之為「解穢」。

「出位」：「解穢」後，便由村中德高望重的長者將康王從梅菴公祠（村民稱其為「梅祖」）的康帥府神樓中恭恭敬敬地抬出來，安坐到康王龍椅之上，稱為「出位」。龍椅形制精美，扶手為兩個口中含珠的龍頭，椅身前面兩側柱上和椅背分別雕刻了八仙形象，四個椅柱為龍頭形象，龍椅背部前面則飾以一面明亮的照妖鏡，椅腳則為虎爪形制。椅上鋪以獸皮，以突出康王的威猛形象。

「沐浴」：康王神像安坐龍椅後，長者們用燒酒為康王神像抹身，謂之「沐浴」。沐浴的操作如同為生人洗澡一樣，用毛巾沾上燒酒，從額頭到眼眉、鼻口、兩頰、鬍鬚，再到身體、手臂、腿腳，一一抹洗乾淨。

「換帥盔」：由長者們將康王神像打扮裝飾，披掛一新。康王神像臉頰棗紅、雙目圓睜，身著鎧甲，手持銅鞭，肩披戰袍，腳踏兩隻猛獅，鎧甲、銅鞭、戰袍、踏獅都鍍了一層金粉，十分威猛。康王像的帥盔是要每年都要換一頂新的，帥盔上插兩支漂亮威武的雁翎羽毛，由村中長者端端正正地為康王神像戴好。頭盔是由別人捐的，每年都會換新，舊的那個就在廟裏放一年，初一就會化掉（就是拿去燒毀）。以前這箇舊頭盔是可以投標的，但他們都不希望給人投標了，因為怕別人拿回去照顧不好，現在就不給別人投了。一個這樣的頭盔大概價格在 700 到 800 元左右。

「壯行」：換好帥盔，村民們為龍椅套上抬槓，拖著長聲大喝一聲「康王起駕」。祠堂外早已準備好的萬響鞭炮點火爆響，樂隊所有樂器一起奏響，村裏的醒獅隊在熱鬧喧天的鑼鼓聲中歡騰起舞，為康王的巡遊壯行造勢。出嫁女無論多少個小孩，只能領一支旗，本村男性則有多少個小孩就領多少支旗，遊行的時候會給孩子舉旗，給利是 5 元。以前沒有錢大家都爭著去領來擔旗，但是現在有付錢給擔旗的小孩他們都不願意擔。

祭祀儀式完成之後，巡遊開始。塘尾的男丁負責抬轎、扛旗，轎子從北門開始，一路朝拜各門的土地公、土地婆，祈求平安。巡遊隊伍的最前面由一人帶路，兩名男子分別扛著兩面金鑼鳴鑼開道，為康王巡遊宣示通告，令四方鬼魅、邪惡逃離閃避。接著兩人用抬桌抬著康王的籤筒、朱批、綠筆和筆架，另兩人用抬桌抬著康王的令旗、尚方寶劍和帥印，接著是六面開道迴避金牌分作兩列，金牌上面分別寫有「康帥府」、「肅靜迴避」、「污穢勿近」字樣。再後則是八面大旗分作兩列，旗上分別寫有「飛龍」、「飛虎」、「清道」、「巡視」字樣。旗後是四名青壯族人抬著康王龍椅，其餘村民則爭相上前幫著扶住神像。康王神像左右儀扇擎起，麾蓋（羅帳）撐開，威攝八面，氣貫九霄。這些禮儀都是模仿當時的將軍、官員儀仗，以示大家對康王的尊崇。

康王沿村道巡遊。廣東東莞，2011，鄧圓也攝

康王巡遊老村。廣東東莞，2011，鄧圓
也攝

康王巡遊新村。廣東東莞，2011，鄧圓
也攝

　　康王神像抬出梅菴公祠時，祠堂門口鼓樂齊鳴，醒獅拜伏在地，村民們恭迎康王，等康王出了大門後再跟隨在康王神像之後，隨隊巡遊。

　　巡遊隊伍中，在康王神像之後的是鳥槍會。解放前，村民們自發組織有心誠社、誠心社、普照社、蓮慶社、長慶社五個社團（現在已經統一合併為心誠社），五個社各派十餘枝鳥槍，巡遊時向天鳴放。鳥槍會後面是打鑼會（小鑼隊），由村中各社少年手持細（小）鑼一路敲打；接著的是號角會，由村中各社男子手持螺號，嗚嗚吹響；鳥槍會、打鑼會、號角會會員都穿上古裝袍褂，頭戴飾有銀花的帽子，十分威武。再後則是醒獅隊和村裏延請的八音樂隊，樂手們身披紅色斗蓬，各持鑼、鼓、鐃、鈸、嗩吶等各色中國傳統樂器吹打彈奏；再後則是彩旗隊，由村中各社少年手持紅、黃、藍、綠等各色彩旗，迎風招展；最後則是男女老少的村民跟著，前後簇擁，排成一條長龍，跟隨康王一路巡遊。當中有兩撥南無佬，一班做法事，一班敲鑼打鼓。塘尾村全村男女老少，一路彩旗招展揮舞，鑼鼓嗩吶，吹吹打打，浩浩蕩蕩。

在家門口設祭臺迎接康王。廣東東莞，　　　鑼鼓隊。廣東東莞，2011，周凱模攝
2011，鄧圓也攝

　　抬著康王出巡的隊伍從梅菴公祠出來後，從正巷開始巡遊，先到大宗祠，
然後經西門而出，到村圍外面的西村，再過東村、北村、香元頭（村委會對出），
分別經東、南、西門後從北門進入古圍，再經正巷返回梅菴公祠，將康王神像
安坐。沿途所過之處，都有村民在家門口擺好供品，焚香燒紙，頂禮膜拜，燃
放鞭炮，舞動雙獅，迎接康王。巡遊時間大概下午一至兩點到六點，巡遊過程
熱鬧非凡。

在梅庵公祠前舞獅。廣東東莞，2011，鄧　　雖然這個祠堂在 50 年代被改建為食堂，
圓也攝　　　　　　　　　　　　　　　　後來又成為老人活動中心，但雙獅還是
　　　　　　　　　　　　　　　　　　　　例行致禮。廣東東莞，2011，鄧圓也攝

　　康王神像回到梅菴公祠後，村民們將康王神像安放在公祠大堂正中，在梅
菴祖祠大門貼上兩幅寫有「玉封道果無漏康帥真君本月封」字樣並蓋有康真君
帥印的封條。圍門的康王神座後的牆壁上，也早已掛上寫有「康真君座鎮」字
樣的木牌。同時村民要在神像前擺好神帳、祭臺。

回到梅庵公祠的康王，老人為其整理行頭。廣東東莞，2011，鄧圓也攝

神像後掛布縵，上懸神帳，前掛門帳。布縵上貼有紅紙書寫的「風調雨順」、「開印大吉」、「祿位高升」、「國泰民安」等祝詞。神帳以紅綢為底，黃綢為帳，下綴各色流蘇絲穗，上面用真絲繡著「康帥真君」大字，紅底上繡有八仙圖案。門帳也是經紅綢為底，繡有八仙、蓮花、龍紋圖案，上書「聖壽無疆」字樣，兩邊懸掛的絲縵上則繡著蓮花寶座和「玉封道果無漏康帥真君」字樣。供桌前也掛一紅綢布縵，上繡牡丹花、雙龍紋和八仙圖案。整個神帳設計富有中國傳統文化元素，繡工十分精美。

祭臺上則擺著長明燈，供品有糖果拼盤，時鮮瓜果、餅乾、肉類、蔬菜、酒水每種五樣，以及三碗米飯、兩碗湯、三杯茶；臺前則在銅製香爐上插三支腕口粗的大香，兩支腕口粗的紅燭，以及四盆鮮花。擺好祭臺後，由專人看護，接受村民的祭拜供奉。

在康王落駕的梅庵公祠祭拜的村民。廣東東莞，2011，鄧圓也攝

　　隨後，村裏請來的戲班搭起戲臺，從初一直到初七，分黑白兩班，日夜輪演。白班的戲由下午兩點至五點，再由八點到十一點；夜班的戲由半夜子時（凌晨一點左右）至天亮時分。在光緒年間，每年請的戲班都由村中熱心人士出錢。後來是村民出錢，現在則由熱心廠商、老闆捐錢給村委請劇團，省級的劇團一晚1～2萬元，所邀請的必是名團名角，只要大家反映不好，則會立即換掉重請。為演戲而搭建的戲僚（戲棚）設在東門對面的地塘（穀場）至石狗公（大榕樹下）之間。每天晚上張掛數十只燈籠，一直點到天亮。除了唱大戲，村中也會組織村民進行文藝表演，或請外來演出團體表演晚會，形式更具現代氣息。整個活動期間，塘尾古村裏鑼鼓喧天，日夜歌舞。

　　活動期間，每到晚上天黑，就有專人替神像放下神帳，恭請康王休息；早上天亮，又有專人替神像打開神帳，請康王接受村民祭拜；唱大戲前，也要將康王的牌位恭恭敬敬地請到戲臺前，上香燒紙，誠心祈禱，然後燃放炮竹，請康王賞戲。整個塘尾的新村舊圍鞭炮聲此起彼伏，煙霧繚繞，炮香撲鼻，到處是飄落的紅色鞭炮紙屑。全村大小兒童打著各色彩旗，迎風招展，盡情揮舞。村頭巷尾隨處可見村婦在燒紙祭拜，上香祈禱。

公祠前的香燭臺。廣東東莞，2011，鄧圓也攝　　　公祠內的祭祀，一直不斷。廣東東莞，2011，鄧圓也攝

　　到了初七下午一點左右，村民又要再次請出康王，巡遊全村，其流程、儀式和初一的康王出遊有所不同。主要是出巡中有贊壽、食貢、答地頭等活動。除了在舊圍遊巡，也會到新村以及周圍的新建的廠房遊巡。當康王經過各家門口時，要放鞭炮迎接。村中的男人一般都是抬康王或者舉旗，跟著隊伍跑。下午五點，康王巡完所有地方後，還要「踏青」，到東南西北四個圍門拜土地神，拜完後從正巷回到梅菴公祠，安座於公祠旁的神樓內。

　　「贊壽」：康王出巡前，村中延請的南無佬，頭戴黑色平頂道士帽，穿著印有太極或八卦圖案的紅色道士服，在鼓樂伴奏下，頌唱康王功德，祈求康王

護佑全村人人平安、個個富貴。村裏則請一位長老坐於康王神像前，在南無佬指導下，虔誠地向康王敬獻香、燭、「搵大錢」紙符、花和各式供品，再三拜祭。祈禱完畢，南無佬再畫符請神、做法驅邪，指揮村民反覆祭拜。

在鼓樂聲中祭拜的村民。廣東東莞，2011，鄧圓也攝

康王誕「贊壽」儀式，「南無佬」誦經讚頌康王。廣東東莞，2011，鄧圓也攝

康王誕「贊壽」儀式中供桌上黃色的符咒，「南無佬」在儀式中焚化。廣東東莞，2011，鄧圓也攝

村中高壽老人在「南無佬」指導下，向康王獻「搵大錢」紙符。廣東東莞，2011，鄧圓也攝

村民也帶來各種紙符，祭拜康王。廣東東莞，2011，鄧圓也攝

康王在李氏大宗祠接受「食貢」。廣東東莞，2011，鄧圓也攝

李氏大宗祠「食貢」的案頭也有紙品。廣東東莞，2011，鄧圓也攝

村民在康王落駕的地方焚燒大量紙品。廣東東莞，2011，鄧圓也攝

在每個門樓，主祀都要把雞冠血塗抹在牆上掛的值年神牌和康王紙符上。廣東東莞，
2011，鄧圓也攝

「食貢」：「贊壽」禮畢，村民抬上康王開始巡遊，出梅菴公祠後，經正巷到李氏大宗祠，在祠堂三進正中擺好康王神像，村民們獻上準備好的供品，由一位村中長老跪拜在神像前虔誠祭拜，南無佬一邊唱頌，一邊畫符歌舞，驅邪請神，恭請康王享用供品。村民們則虔誠地上香燒燭化紙，祈求康王保佑。

巡遊隊伍進入李氏大宗祠。廣東東莞，2011，鄧圓也攝

康王在李氏大宗祠接受「食貢」。廣東東莞，2011，鄧圓也攝

「南無佬」在李氏大宗祠念誦祭文。廣東東莞，2011，鄧圓也攝

在李氏大宗祠祭拜康王的村民。廣東東莞，2011，鄧圓也攝

　　「答地頭」：在李氏大宗祠「食貢」完畢，村民們燃放萬響鞭炮，歡送康王。巡遊隊伍再抬著康王神像，出西門到西村。此時西村村民們早已在村中空坪上搭好竹棚，擺好祭品，恭迎康王。康王到達西村後，再次享用貢品。如此這般，巡遊隊伍抬著康王再到東村、北村「食貢」。

康王巡遊。廣東東莞，2011，鄧圓也攝

遊神路上擺設的祭臺。廣東東莞，2011，
鄧圓也攝

古村管理人員念誦祭文。廣東東莞，
2011，鄧圓也攝

村民在康王落駕的地方焚燒紙品。廣東東莞，2011，鄧圓也攝

古村東門的祭祀。廣東東莞，2011，鄧圓
也攝

古村南門的祭祀。廣東東莞，2011，鄧圓
也攝

古村西門的祭祀。廣東東莞，2011，鄧圓也攝

古村北門的祭祀。廣東東莞，2011，鄧圓也攝

　　食貢完畢，巡遊隊伍再從北村出發，出太和路，到李橫大道塘尾路口，繞塘尾村巡遊一番，然後回到東門。回到東門後，村民們將康王神像安放在東門前，擺上供品，由南無佬唱頌經文，畫符做法，然後取一隻雄雞，唱一番經文，擠一點雄雞血塗在東門裏的康王貼上，扯幾片雞毛沾上白酒黏在康王貼上，然後向康王獻上供品、燃放炮竹。分別從東門到南門，再到西門、北門，依次做足法事，叫做「答地頭」，意為酬謝四方神靈、土地，請神靈們繼續保佑塘尾平安興旺。對於四個門樓裏的康王符，村民每天要朝香晚燈供奉：起床後掃地，從門口往裏面掃起；換神水，到水邊洗乾淨碗筷，然後用碗裝新鮮的水供奉在案臺；上香。

在每個門樓，都要把雞冠血塗抹在今年的神牌上。廣東東莞，2011，鄧圓也攝

圍門內的康王神座及寫有「康真君座鎮」字樣的木牌，每年掛一個。廣東東莞，2011，鄧圓也攝

「安座」：四個圍門做完「答地頭」法事後，巡遊隊伍抬著康王從北門進入古圍村，經正巷回到梅菴公祠，由村中長老恭恭敬敬地將神像從龍椅上請下來，小心地抬著放回祠堂一側的神樓裏面，擺放端正，請康王「安座」、誦經。至此，整個康王巡遊過程結束。

遊神隊伍回到梅庵公祠。廣東東莞，2011，鄧圓也攝

安座。廣東東莞，2011，鄧圓也攝

誦經。廣東東莞，2011，鄧圓也攝

為扛旗的小朋友發放勞務費（一旗五　製作七夕供案的阿婆。廣東東莞，2011，
元）。廣東東莞，2011，鄧圓也攝　　鄧圓也攝

七月初七也是乞巧節。男人拜康王，女人就拜乞巧，拜七姐（未婚姑娘祈求美滿婚姻）。

拜祭康王的禁忌是不能吃鴨子。據說，如果拜祭前後幾天吃了鴨子，康王是不會保佑你的。因為傳說鴨子是康王的救星，說是很多年前發大水，把一間廟淹倒塌了，木雕神像倒在水中，被泥土壓住。一些鴨子把泥弄開，神像浮起來，被這條村的先人帶來回來供奉。

從 2006 年開始，村裏在康王寶誕活動期間，在舊村圍內到處懸掛大約燈籠，並為參加活動的男子添置了統一的唐裝，村民進行康王巡遊時，不穿長袍而改穿統一的唐裝巡遊，場面也十分壯觀。但鳥槍會則因公安部門禁槍的法規而取消了，村民們計劃採用燃放花炮的形式，為巡遊造大聲勢。而用來打賞的麟兒圖，目前已經失傳無人會做。

康王誕活動期間，心誠社還要操辦一個「千人宴」，一般是在每年農曆七月初一和初七，即「康王寶誕」活動的頭尾兩晚舉辦。酒宴從下午六點開始，村民們共聚一堂，品嘗各樣傳統美食，歡慶歷史民俗「康王寶誕」。村民們歡聲笑語不斷，場面十分熱鬧。宴會的菜色非常豐盛，每桌 10 個菜寓意十足豐收，有燒鵝、醬油雞、清蒸魚丸等等，都是塘尾村傳統的風味美食，讓人胃口大開。村民們表示：聚餐既可以保留傳統文化，又能夠讓村民增進感情，所以每年都有不少海外族人、親友專程回來參加這一盛會，品嘗傳統美食，緬懷家鄉風情。

七月初七這天晚上，吃過千人宴後，村民們就開始進行「神燈競投」活動，將康王帥府前的燈籠進行拍賣，燈籠是之前到石龍購買的，寓意其沾上了康王的吉氣，有助於生意興隆與添丁進財。而拍得後將由鑼鼓隊一路燒著爆竹送到家中，一般大家都是為了吉利而競拍的，競拍所得的款項歸村內自助會，作為下一屆康王誕的經費。競投過程精彩紛呈，高潮迭起，它把一年一度的「康王寶誕」活動推向高潮。

當晚，塘尾數百村民聚集在一起，爭相競投康王燈籠。三個燈籠均有不同的意頭，如闔家平安、早生貴子、生意興隆等，逐一競投，一隻競投成交後才投下一隻。主持競投的人請村中口才好，擅造聲勢的青年擔當，以鼓動氣氛，增強效果。競投時主持人手持銅鑼，舌燦蓮花，插諢打科，搞笑詼諧。偶而地打破冷場，不斷地激發熱情，使得競投現場氣氛保持異常地活躍。而在傳統上，村民們都認為康王燈籠能給村民帶來好運，保佑村民安康幸福，所以競投十分

激烈，氣氛十分火爆，只見會場上輪番叫陣，競投價一路飆升。每只燈籠競價高到無人再投時，待三唱過後，銅鑼聲落，即為競投成功。如某年的「神燈競投」，第一個燈籠從起價 2800 元一路上漲，一直拍到 42800 元。第二、第三個燈籠也分別拍得 22800 元和 11800 元的高價。

等到三只神燈都投出去之後，便組織族人敲打鑼鼓，鳴放鞭炮，眾人簇擁將競投成功者連同他們投得的燈籠逐一送到他們家裏，神燈競投宣告結束，而一年一度的「康王寶誕」民俗活動也正式落幕，等待著來年的七月初一。〔註 13〕

在村宴中競投三個燈籠。廣東東莞，2011，鄧圓也攝

敲鑼打鼓舞獅送燈籠。廣東東莞，2011，鄧圓也攝

〔註13〕以上描述來自項目組主要成員鄧啟耀、周凱模、鄧圓也和中山大學人類學系學生 2011 年至 2018 年的多次訪談、現場觀察和石排鎮文化廣播電視服務中心的非物質文化遺產申報書。

中標者燃放鞭炮迎接燈籠，雙獅護送燈籠，將其掛在客廳。廣東東莞，2011，鄧圓也攝

田野考察實錄：廣東順德杏壇大馬齊遊神

廣東省佛山市順德區杏壇大馬齊村的遊神，每年農曆正月十二日，要舉行盛大的遊神活動。遊神由大馬齊村陳氏大宗祠發起，巨鎮、仁壽、東林、竹基、東北、上岸、太平、雁園、關田、文隆、利攝、新地、西湖、西隆、聯安、西元、金洲、藍田、呂地、泗社、蘇地、麥地、心田等 36 坊其他村落和宗族前往掛名慶賀，遊神結束一起參加村宴。由於不是一個宗族的事，所以村宴不在陳氏大宗祠裏辦，而選在一個日常公共空間。

遊神路線也有更大範圍的設計，囊括各村各姓。遊神的參加者不限於本村本姓族人，為此，他們還特別強調：「手捧小神像的都是幾個大村的村長或其兒子」。遊神隊伍每到一地，必要在那裏的祠堂、廟宇或主要公共空間停留，接受村民拜祭，同時送上祝福。村民在諸神巡遊的路上，在自家門口擺設供品、焚香迎神。諸神經過時，即焚燒「貴人紙」「財神」等紙符和紙錢，表示所祈已經上達靈界。

遊神是華南地區比較普遍的一種文化現象。通過一位或幾位宗族或社區公認的神靈對各宗祠和村落的巡遊，勾連宗族和社區，達到一種象徵性的聯宗和族、村社團結的目的。

2015～2019 年期間，我頻繁到廣東順德考察，重點是大名鼎鼎的順德祠堂。我發現，順德祠堂不僅數量多，而且由於大多掌握在宗族手中，文化功能並未喪失。所以項目組對與祠堂相關的宗教和民俗活動特別關注。2016 年初，我們得知順德杏壇陳氏宗祠及周邊祠堂（正月十二日，2，19）要舉行大馬齊大巡遊，立即在前後幾天安排了田野考察計劃。

　　大馬齊巡遊活動由流傳數百年的「菩薩巡遊」活動演變而來，原由馬齊、雁園、呂地、圩鎮等社區民間自辦，成為文化遺產後，則由政府協同社區成立了專門的組委會，負責組織、治安管理等工作，也使這個過去被視為迷信遭禁的民俗活動得以名正言順公開舉辦。

　　馬齊陳氏大宗祠是這次活動的核心地點。該祠堂位於廣東省佛山市順德區杏壇鎮馬齊居委關東大街 59 號，名為「崇本堂」。據《馬齊陳氏族譜》記載：順德馬齊陳氏舊居南雄府保昌縣石前都小灣村珠璣裏，於度宗咸淳元年乙丑正月十三日舉家南來，至南海桑麻中心村居住。六世祖遷居馬齊鄉南岸洲。馬齊陳氏大宗祠於明萬曆二十八年（1600）落成，清同治十年（1871）、2004 年重修。坐東向西，廣三路，總面闊 23.5 米，中路面闊三間 13.6 米，進深三進 42.7 米。硬山頂，龍舟脊，主體建築為人字封火山牆，灰塑龍舟脊，素胎瓦當、滴水，青磚牆麻石腳。部分紅砂岩地面和覆盆柱礎。磚雕、石雕、梁架木雕細膩生動，十分精緻。牆楣存族人陳士聖所繪的二十四孝圖壁畫 22 幅，書畫俱佳。鎏金通花木橫披圖案繁密，雕工精細。牆楣上的磚雕，與青雲巷門的磚雕，面積較大，雕工非常細緻，是祠堂磚雕裝飾的精品。該祠規模較大，主要保存清晚期嶺南建築風格，存有部分明代建築構件，是順德區較有藝術價值的古建築之一。2009 年 7 月，馬齊陳氏大宗祠被列入第四批順德區文物保護單位。

　　順德離廣州較近，自駕車四五十分鐘就到了。由於之前已經多次來過，所以很快就找地方停好車，步行前往陳氏大宗祠。祠堂門前廣場關東大馬路上，早有醒獅、舞龍、鑼鼓櫃、飄色、腰鼓隊候在那裏。來自巨鎮、仁壽、東林等 36 坊的居民眾儀仗隊手持紅牌，恭候菩薩聖像。

　　進入祠堂，人來人往。大殿上並排列放四尊披紅的神像，分別是李哪吒大元帥、三聖宮、天后宮、主帥宮。其他神像都是常見的那種樣式，只是李哪吒大元帥有些特別，他被塑成一個長著許多手臂的肉感小孩，手上、腳上、身上都披掛了很多法寶，就像一個顯擺玩具的頑童。為什麼供奉哪吒呢？有人解釋：「哪」指「儺」，本意是驅邪除災；「吒」字為「叱」「咤」的異寫，指叱嚇邪惡。哪吒蓮花化身，三頭八臂九眼，法寶神兵有乾坤圈、乾坤弓、混天綾、震天箭、風火輪、火尖槍、九龍神火罩、金磚、陰陽劍、豹皮囊等。是降妖伏魔的兒童守護神。

　　許多老年婦女忙忙碌碌，把祭拜過的紙符、紙錢之類拿去香爐裏焚化。9點左右，司儀率眾禮拜諸神，在鞭炮鑼鼓中，神像被人抬出祠堂，開始巡遊。旌旗開道，神像先行，長龍、鑼鼓櫃、飄色、腰鼓隊、和合堂醒獅隨後。

　　巡遊隊伍每到一坊，都要在該坊的祠堂、寺廟和公共空間（廣場）停留，接受村民的拜祭。沿途，居民商鋪門口、家門口都擺設果品香案，恭迎聖駕。一路走，一路都有民眾擠上前來，摸摸神像的手，在旁邊的箱兜裏放幾元錢。每當神座停下，人群更是扶老攜幼，蜂擁而上。

　　巡遊路線是：馬齊陳氏大宗祠—巨鎮—仁壽—東林—竹基—東北—上岸—馬齊居委會—太平—雁園—關田—雁園居委會—文隆—利攝—新地—西湖—西隆—聯安—街辦—西元—金洲—藍田—呂地居委會—泗社—蘇地—麥地—心田，以及今年新加的 12 個坊，一共 38 個坊，最後回到馬齊陳氏大宗祠。這場近萬人參與的巡遊隊伍，走走停停，直到下午 5 時才結束，全程走了約 30 多公里。

　　晚上，在村牌坊附近的村社公共空間，舉行合族合村聚餐。

　　順德杏壇大馬齊三聖出巡部分訪談

　　　　時間：2016.2.21（農曆十四）

　　　　地點：杏壇陳氏大宗祠

　　　　受訪者：陳某，男，60 多歲，陳氏宗祠的財務

　　　　問：這種文化巡遊有多少年歷史？

　　　　答：超過五百年歷史吧。

　　　　問：中間有中斷過嗎？

　　　　答：解放前一直都有這種巡遊，解放後巡遊了兩三年就停了，一直到 80 年代初改革開放之後才恢復的。

　　　　問：有哪幾個大神參加巡遊啊？

　　　　答：主帥康公、三聖哪吒、北帝和天后。

　　　　問：這四樽神像平時是放在哪裏供奉的？是在祠堂裏供奉嗎？

　　　　答：在對面的三聖宮供奉。

　　　　問：巡遊隊伍中午會回來祠堂裏嗎？

　　　　答：不回啦，巡遊隊伍要到下午 5 點才回來祠堂，中午他們吃快餐，隨便吃點麵包啊、蛋糕啊之類的。

問：投燈、投炮的燈和炮是你們自己做的嗎？

答：不是。燈是從佛山樂安買的，幾百塊一盞，競標大約幾千到幾萬不等，來年就有經費了。炮仗就更不可能我們自己做了，到外面買唄。投燈、投炮也是圖個好意頭嘛，希望能夠家宅平安。

問：我們剛看到好像隊伍後面有樓盤的廣告，他們有提供經濟支持嗎？

答：濤匯豪庭啊？他們有支持一些，但是我們晚上要提供他們三桌飯菜，其實也沒有支持多少。就是讓他們賣賣廣告嘍。

問：這個祠堂好像很大。

答：兩畝地。

問：感覺那些貼金很耀眼，是新修繕的嗎？

答：這個祠堂修繕了 100 萬，那些金箔是上幾年新帖上去的。文革時候破壞嚴重，後來順德經濟發展了就陸續重修，我們這個祠堂也是那會兒修的。喏，你看捐錢了的我們都把名字寫在上面了，我們這裡華僑很多，有一半的房子都出租啦，那邊就是工業園，很多打工仔租房子的。

時間：2016.2.21（農曆十四）

地點：杏壇陳氏大宗祠

受訪者：梁某，男，60 多歲，巡遊領隊

問：巡遊大概需要多長時間。

答：理論上三小時內搞定，實際上以往都需要四個多小時。

問：巡遊路線會經過多少個祠堂，經過有什麼講究的禮節？

答：巡遊將總共停留 16 個祠堂，每經過一個祠堂停留一次燃燒三響鞭炮。

問：祭品主要有哪些？

答：通有包括雞、生菜、糕點、蘋果、三杯白酒，大祠堂會有燒豬，小型神龕一般用燒肉。

問：祭品為什麼沒有魚，不是年年有餘嗎？

答：魚冷了很腥，人聞到都不喜歡啦，更何況神吶。

問：是不是每經過一處座下神像都有次序的？

答：是的。哪吒是第一個座下的神像，天后是最後一個座下。

問：問什麼會有這個次序呢？

答：一直流傳下來都是這樣的，我也說不清楚。

問：為什麼每次神像座下都要上下晃三下？

答：因為要通知一下神像位置到了，讓神像可以座下，是和神溝通的一種語言。

問：巡遊期間可不可以有人加入的？

答：按照這幾年的經驗都是除了記者和拍照的都沒有臨時加入。

問：是不是每年巡遊的服飾都一樣的？

答：基本是。只有飄色儘量買新的，因為小孩的尺寸每年都不一樣的。

問：飄色的選角有沒有講究的？

答：當然有啦，狀元、哪吒沒理由找個女孩扮演吧，財神沒理由找個瘦子當吧。

問：募捐派的那些小旗子是有什麼內涵的？

答：一般只有兩種，恭喜發財和心想事成。

問：買符募捐的錢會用在哪些方面？

答：用在貼補巡遊的開資，有剩的就補貼祠堂的香油錢。

問：問什麼您會塞住一邊耳朵呢？

答：因為鞭炮聲音太大，如果兩邊耳朵都塞住就通知不了隊伍啦。

時間：2016.2.21（農曆十四）

地點：杏壇陳氏大宗祠

受訪者：周某，女，80歲，外村隨女暫住

問：你是哪里人啊？

答：我是肇慶人，我是跟女兒來的，女兒嫁到這裡。

問：來了多久？

答：來了三十多年啦。

問：您女兒也在巡遊隊伍裏面嗎？

答：是的，她每年都參加巡遊的，我就年齡大啦走不動啦，但每年我都等隊伍回來我才離開祠堂的，晚上的村宴我們認購了一桌。

問：村宴一般有些什麼菜式？

答：以往都是盆菜，今年就不知道了。

問：是不是一般小孩都可以參加飄色的？

答：只有讀書成績好、不太調皮的孩子才有機會被選中。

問：三聖宮裏面還有一個觀音神像，為什麼不抬出來巡遊呢？

答：觀音是吃素的，要踩雲上天，巡遊祭品那麼多肉，觀音肯定不能抬出來巡遊啦。

順德杏壇大馬齊三聖出巡部分訪談

時間：2016.2.21（農曆十四）

地點：杏壇陳氏大宗祠

受訪者：陳某，男，60多歲，陳氏宗祠的財務

問：晚上的村宴在祠堂裏舉行嗎？

答：不是。在前面不遠的牌坊對面的空地舉行，到時還有投燈、投炮活動。

問：這種巡遊活動政府有沒有經濟支持？

答：沒有，都是我們30多個村一起分攤費用的。我們這裡有心田坊、仁壽坊、金洲坊、馬齊坊等38個坊。你看那些飄色我們都要從其他地方請人來弄的，每一年的巡遊活動大約需要3萬塊左右，我們通過巡遊後的投燈、投炮來獲得來年巡遊的經費。

時間：2016.2.21（農曆十四）

地點：杏壇陳氏大宗祠

受訪者：梁某，男，60多歲，巡遊領隊

問：巡遊隊伍是不是都是本地人？

答：不一定，有興趣都可以參加。但是負責抬神像的都是本地的青壯男丁，特別是手捧小神像的都是幾個大村的村長或其兒子。

〔註14〕

〔註14〕本節田野考察者：鄧啟耀、王曉青、范炳堯等，王曉青粵語訪談。除項目組成員現場觀察和訪談，還引述了部分地方網絡信息。

巡遊的「飄色」表演經過月湖陳公祠。廣東順德，2016，鄧啟耀攝

在家門口設壇化紙，迎祭諸神。廣東順德，2016，鄧啟耀攝

第八章　朝奉：自然神

太陽、月亮和星星，是自然界最為引人注目的天體。但在中國傳統「天人合一」觀念中，習慣把「天」（自然）與「人」（人文）聯繫在一起。比如，古人認為日為君象，今人也常把領袖稱為太陽。只有在邊地民間，太陽、月亮和星星才又多有一些自然神的特點。

一、祭日

「太陽會」是一個道教節祭，時在冬月十九日，傳說這天是「太陽星君」的誕辰。雲南在昆明西山區彝、白、漢等民族信眾，這天要用素食祭祀太陽，念誦專經《太陽經》，讚美太陽給人溫暖，促生五穀：

> 太陽出來滿天明，
> 晝夜行來不住停。
> 天上無我無晝夜，
> 地下無我少收成。
> 純陰無陽物不變，
> 饑死凡間苦眾生。
> 日光菩薩正東來，
> 天堂地獄九重開。

念完還要燒紙化錢，磕頭祈禱。

太陽紙

太陽紙有日宮、日光、日、太陽、太陽星君等多種，和月紙配套，但要在祭月前用，因為太陽大嘛。一般是在清晨太陽出來之前用，祝讚之後，把它們燒化。

日宮

對於日宮，民間也有不同的理解。比較主流的說法為太陽性屬陽，朱雀為其象徵；也有認為日宮除了有朱雀，還和月宮一樣，也有仙女仙宮。

日宮。雲南大理

日宮。雲南大理

日宮。雲南祥雲

日宮。雲南芒市

日光

日光紙強調了太陽的光芒，裏面卻是位持蚊刷（民間說法，仙人喜歡居住

山上，但山上蚊蟲多，只好拿蚊刷趕蚊子。但太陽裏怎麼會有蚊子，民間藝人並不討論這個問題）的長袍老者。日宮和日光紙，過年的時候燒。安家堂時也用，搬家前祭獻。把紙錢在火盤裏燒，下方燒白錢，上方燒黃錢（黃錢專門燒給神）。

日光。雲南巍山

日光。雲南巍山

太陽星君

太陽星君除了一位持芭蕉扇的侍從，還有朱雀為伴。朱雀也是太陽的象徵。

太陽。雲南保山

太陽。雲南保山

太陽。雲南德宏

太陽星君。廣東清末，北京〔註1〕　　　　　　　　日。廣東廣州

二、祭月

　　太陰會有兩次，一次在農曆正月初六，新月初升之時；一次在農曆三月十三日月將圓之際。雲南昆明西山區彝、白、漢等民族做「太陰會」時，要在月升之夜，由婦女主祭。祭會參加者多為老年婦女，她們用糕點瓜果等素食設祭，待月亮剛剛在夜色中透亮，即點香三柱，燒黃藥三疊九張（取天長地久之意），對月磕三個頭，跪念《太陰經》：

> 混沌初開即有我，
> 我是天上月光神。
> 日管陽來我管陰，
> 陰陽配合重建順，
> 晝夜輪流照乾坤，
> ……

　　經文歷數月亮的功勞，認為甘露為月所生，萬物得以滋潤：孤月巡夜冷冷寂寂，一夜千辛萬苦只為生靈得照，將月人格化為溫柔的夜之使者。它滋養萬物的功能，與民間精於農藝者重視月華之照、露水之滋的風習一脈相承。

月紙

　　月紙有月、月光、月宮、月亮等種。一般在陰曆十四至十六日三天裏祭月

〔註1〕引自蕭沉博客：《俗神》（圖為日本人20世紀初收藏）http://xiaochen.blshe.com/post/78/503808，2010,2,11。

後焚燒。如果病人在這個時期用，會保佑他到下個月十五都平安；如果月亮被遮了，就不必用（做儀式）了，用了也沒用。

月宮

月宮名廣寒宮，宮內只有嫦娥一人。月亮上還有桂樹、揮斧的吳剛和搗藥的玉兔。民謠道：「八月十五中秋節，拿個月餅獻老天。梨子核桃兩邊擺，月餅供在正中間。」

月宮。雲南保山

月宮。雲南保山

月宮。雲南保山

月宮。雲南大理

月宮。雲南騰沖

月宮。雲南祥雲

月宮。雲南芒市

月光

月光即月神,屬陰。八月十五獻月餅時燒月光馬子,也可以在建房、喬遷、謝土時祭獻,和喜神馬子同用。

月光。雲南巍山　　　　　　月光。雲南巍山　　　　　　月光。雲南巍山

月

月。雲南大理　　　　　　　月。廣東　　　　　　　月亮。雲南德宏

天狗

月食時專用。民間過去普遍認為,月食是天狗吃月亮,「月亮白生生的會黑掉,不吉利。」所以月食時,要敲盆打炮、敲擊犁頭,祭獻天狗,搶救月亮。如果夜晚出門,「撞著(鬼)了」,就要請老奶(巫婆)看看到底撞到了什麼。看手相,到遠處看。要不知情況的人看,才準。它有時會被當作守財的狗,破財或財路不順時請它保護;但在風水先生眼中,沖泛天狗星會導致家業不順,夫妻失和;同時它也是忌日,遇有嫁娶之類喜事,必須避開這個日子。

天狗。雲南騰沖　　　　　　天狗。雲南騰沖　　　　　　天狗。雲南大理

天狗之神

　　張仙是射天狗之神。《集說詮真》述：「仁宗夢見挾彈者，自稱為張仙，阻止天狗吞食小兒。」〔註2〕

天狗之神。雲南大理　　　天狗之神。雲南大理　　　天狗之神。雲南大理

三、祭星

　　在中國一些方志中，有關「朝斗會」的記述較多，不少民族或地區，都要在每年農曆六月初一至六日朝拜南斗星，九月初一至六日朝拜北斗，七月七日朝拜牛郎織女星。

　　六月初一至六日，南斗星下降之期，和九月初一至六日，北斗星下降之期，各族信眾接踵而來，在道現中以素食祭獻星神。道士身披道袍，手執法器，應節吹打並一日三次念誦《斗母經》、《皇經》等，燒斗香無數。最後一天送聖，

〔註 2〕轉引自宋兆麟：《華夏諸神——民間神像》，雲龍出版社 1999 年版，第 228 頁。

嗩吶、洞簫、笙簧、鐘磬等一齊鳴奏，斗星神位在香火中焚化，隨縷縷青煙升上天空，祭會方告結束。由於南斗六星主管人間生育繁盛，北斗七星主管人間災厄水火，所以儀式雖同，所祈不一。另外還有其他星君，因屬性不同而有不同之「德」，如羅猴星被視為「凶星」「蝕星」，命帶羅猴或被其衝撞，必有大災大禍。

朝斗

對斗星的崇拜，在古代民間信仰中占重要地位。特別是北斗星和南斗星，不但制定曆法方面作用突出，而且在「天人感應」的古老意識中被賦予許多特殊功能，民間信仰認為「南斗注生，北斗注死。凡人受胎，皆從南斗。所有祈求，皆向北斗。」(《搜神記》)南斗分別由天府、天梁、天機、天同、天相、七殺六星組成，主司命、延壽、上生、益算、司祿、度厄等。北斗則由天樞、天璇、天璣、天權、玉衡、開陽、搖光（又作瑤光）七星組成。《史記‧天官書》說：「斗為帝車，運於中央，臨制四方，分陰陽，建四時，均五行，移節度，定諸記，皆係於斗。」它們主州國分野，年命壽夭，富貴爵祿，歲時豐歉。到了後來，北斗星日愈人格化，變成了上古帝王化身。念《太上玄靈北斗本命延生真經》，朝拜北斗，以求能為此家人加福加壽。而「拜北懺」則在為死人超度之後，即為活人祈壽。儀式中念《北斗延生寶懺》，向北斗星君祈求健康長壽。道士踏罡，也走的是星步。

 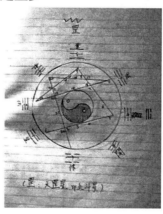 

日月星斗天地人三才。雲南保山　　道士手繪踏罡示意圖。雲南昆明　　南北二斗。未詳

南斗星君。木板水印，清末，北京　　　　北斗星。清，雲南騰沖
〔註3〕

羅睺

羅睺即羅猴星，為列曜十一星之一。在天上因與日、月、星運動方向相反，掩襲了其他星辰而被稱為「蝕星」。民間有「天犯羅睺日月無光，地犯羅睺寸草不生，人犯羅睺九死一生」的說法，可見其厲。人若命中帶羅睺，或那個時辰衝撞了羅睺，就會生病。請師娘或先生看看，當晚供齋，將羅睺紙3對，紙火包元寶，外加九節黃錢，在院子裏供獻，把魂叫回來。〔註4〕

羅睺。雲南騰沖　　　　羅猴。雲南騰沖　　　　羅猴。雲南騰沖

〔註3〕引自蕭沉博客：《俗神》http://xiaochen.blshe.com/post/78/503808，2010,2,11。
〔註4〕賈志偉：《騰沖神馬調研報告》，載馮驥才主編《年畫》2003年秋季號第66頁。
　　　北京：中國戲劇出版社，3013。

羅喉（睺）星。雲南玉溪

羅猴。雲南建水〔註5〕

凶星

凶星。雲南騰沖

凶星。雲南建水〔註6〕

田野考察實錄：雲南巍山朝斗會

　　雲南巍山彝族回族自治縣全年有三次比較大的朝斗會，分別是：正月二十五、二十六、二十七三日朝東斗；六月初一到初六日朝南斗；九月初一到初九日朝北斗。

〔註5〕這倆圖採自趙寅松、楊郁生主編：《中國木版年畫集成·雲南甲馬卷》（集成總主編馮驥才），中華書局 2007 年版，第 309 頁。
〔註6〕本圖採自趙寅松、楊郁生主編：《中國木版年畫集成·雲南甲馬卷》（集成總主編馮驥才），中華書局 2007 年版，第 309 頁。

筆者曾請教雲南巍山巍寶山長春洞住持肖遙道長：

筆者：六月是祈雨？

道長：一方面是祈雨一方面是祈福，它是南斗嘛，南斗的話是北斗主添福添壽；還有一些人，剛好遇到本命年，到六月多的時候就要挑幾個本命斗，做順星法事，添福添壽。

筆者：朝北斗是什麼時候？

道長：九月份，九月初一到九月初九，北斗主死主解禳，即消災解難，祈福衍生。

筆者：南斗主什麼？

道長：南斗主生，南極仙翁嘛。主要是祈福，添福添壽（故也有人說，南斗是福祿壽三老星君），還有的人朝本命走。今年剛好是龍年，很多屬龍的人都朝本命走，所以民間做順星法事的很多。〔註7〕

過去鄉紳們用收上來的地租，在巍寶山前山文昌宮辦會，場面很大，相當講究。一般女人以及老百姓都不能進廟燒香，而是轉到長春洞等其他地方。

我們進入文昌宮（龍潭殿），聽得裏面竟異常熱鬧，忙進去看，著實吃了一驚。一座廟裏竟然藏著這麼百多號人，熙熙攘攘的。問了才知道是旬尾廠、林旗廠的村民在作會。今天是農曆六月初一，初一到初六是朝拜南斗六司的良辰，歷年他們都在這兒請先生集體作會，這次搞三天。文昌宮基本是按四圍一天井的樣式布局的。正殿對著正門的照壁，其他幾圍都是些廂房，中間天井是一潭池水，也就是龍潭了。四壁的龍頭吐著泉水。潭中央建了一座涼亭，有石橋與岸相連。出名的是亭下面的《打歌圖》，畫的是彝族打歌的場面，同類題材的作品很少見，所以資料價值相當高。在潭水的侵蝕下，畫面部分已經褪色脫落了，隨著漲落的水平線，留下了些濕痕、黴漬。幾個先生在殿裏敲打念唱，殿外還有些在準備表文、誥書。好多女人圍在先生面前，等著請先生給家中的亡人寫道表，男人們在殿外的空地、涼亭裏支起了好多張桌子呼啦呼啦地搓麻將。一幫阿婆圍坐在照壁下準備紙錢、香燭。娃娃們在院子裏追逐打鬧。廂房裏的床鋪都住滿了，晚來的人在沒門沒窗的廊下鋪了通鋪，能睡下好多人，而且不用花錢。後院裏有個食堂，正是吃飯時間，坐滿了人。作會時吃得要比平時豐盛講究，以示慶祝。飯錢按人頭兌份。見到門口有個孩子在巴巴地往裏看，

〔註7〕被訪談人：肖遙道長，訪談時間：2015 年，訪談地點：雲南巍山彝族回族自治縣巍寶山長春洞。

問她怎麼不進去吃，奶聲奶氣地講，要吃的，等老人家吃完了，就輪到我們小孩子吃，然後是其他人吃。果然見裏面坐的都是老人。問旁人可是歷來如此，回說是的，祖上一直的規矩。也有甸尾廠、林旗廠以外的其他村子的零散村民來趕會掛單。還見有纏著頭的附近山上的彝族來趕熱鬧。如果願意，兌份錢也就可以跟甸尾廠、林旗廠的人一起吃飯了。不過為了省錢，他們多自代糧食，吃飯時找個角落，拾點柴火，自給自足，吃得也挺香。突然想起來認識的一位民間道士說要上山來作會，莫非就是這個朝斗會？於是在人群裏找他，果然在麻將桌中間瞅到他。過去拍他，倆人都挺驚喜。在山下記錄法事過程的時候，四天裏老追著他問為什麼，問得他毛毛的。最後直說你讓我歇會兒吧，我吹吹打打一天很累的，你們大學生家哪來這麼多為什麼？不過他人倒是好人。他一邊摸牌一邊問我，你是不是要當專家呀？再呆下去可以當道姑給人做法了。我說我正是這麼打算的呀，明天我還要上來，打算住在長春洞。他說，我們後天要到長春洞給洗澡堂的人辦朝斗會。

我住進了長春洞。六月初三一大早，剛起身，就見一老漢背著一大籮筐推門闖了進來。道長隨著趕進來：「這兒現在住了人了，快出來出來，不能再在這兒住了！」老漢連忙退了出去。道長說，洗澡堂的人上來了，下午差不多就要開始熱鬧幾天了。他們往年都在這兒朝斗，可能以前住慣了這邊，所以又可以為常地闖到這邊來了。

我跑出廟門外看洗澡堂的人。他們趕著騾馬，一隊隊地從後山小路上上來。男人在前面趕騾子，騾背上駄滿了糧食，鍋碗瓢盆。女人們跟在後面，也滿背的東西。長春洞裏一下子喧鬧了起來。道長幫他們收拾其他幾間客房。男人卸東西，女人們就開始在廚房裏忙起來。菜、肉、米、麵，他們都帶上來了。轉眼間，一口老大的鍋便已架在灶上，火旺旺地燒起水來了。進到廚房跟女人們搭話。說是她們是頭批先來準備的。到下午，村上的好多人上來。幾進客房好久沒打掃了，也沒床，空空的。男男女女只管把地板掃乾淨了，一通地草席過去。被子便放下了。

下午，村裏一幫「先生」（民間道人）過來了。他們開始準備香火紙錢、表文、誥書一類什物。在廟門口立了兩支大香，前殿外設了幡壇。大殿裏是主壇，殿外側面沒了各樣準備就緒，於是就開壇。開壇迎六司，吹吹打打，一隊人到廟外泉邊請水。由村上輩份高的請水，拿著水壺，上面插著柏枝，繫著江布條，灌了水回來，在各壇前放置一杯，香、花、燈、水、果五供養齊全了。

接著便立幡。幡布卷著掛上去，散開來，裏面裏的紙錢、硬幣主撒落下來，是圖吉利。在壇前開念詰書、表文，請六司神仙下凡，欣享供養。念過、焚過。法事算正式開始了。

　　洗澡堂村的人還在陸續來。女人們已經把飯菜做好了，一盆一盆的菜，一碗一碗地分出好多份來。因為是頭天，要吃齋，所以都是素菜。沒有桌椅便在院中間一圈一圈地席地圍坐了。一個個的大碗擺在中間，順手拿根樹枝來在屁股下面墊著，便開吃了。中午不吃飯，說實在的是不習慣的，餓得前心帖後背。要在城裏可能還會想想乾不乾淨，但在山上，也顧不得了，蹲坐在樹枝上，使勁兒地夾菜扒飯。這幾日的飯看來是洗澡堂的人包了，先生們以及道長幾天的飯都由他們管，按理我應該兌份飯錢的。可能是聊熟了的緣故，他們說我是客，不收我的。

　　晚上念了會兒經儀式便暫時畢了。大傢伙坐在院中間聊天，或打打牌，搓搓麻將。這一天山前山後地跑，人又吵吵，就覺著困了，於是先回屋睡，關了燈，聽到女人們唱起歌來，就朦朦朧朧睡過去了。

　　第二天清早，院裏幾個女人正在磨豆腐。沒想到他們把做豆腐的工具都扛了上來。

　　中午的時候，朝斗會到了高潮。山下又上了好多人來。山上的彝族也來了些。幾個「先生」忙得緊。我到殿裏與他們搭話。有一個他們稱呼老宗頭的，總是樂呵呵的，大肚彌勒一樣，愛說些玩笑話。穿著件汗衫，上面自己畫了幾叢竹子，寫了「知足常樂」幾個字。熟了，他們就我進殿裏幫忙敲打。我說我不懂，他們說不怕，跟著木魚鼓點走就行。於是就跟著木魚敲鈸。他們都衝我樂，說敲得不錯。

　　道長進來了，見我在跟他們敲敲打打。就接過一人手中的銅鈴隨著節奏一下一下搖起來。表情很嚴肅。搞得大家都跟著正經起來。中間休息的時候，道長還說了其中幾個念唱不對的地方，重新示範了一下。幾個「先生」都沒吱聲。我覺出道長有些不屑，氣氛有些不好，就連忙退出殿，回我屋裏坐著。道長過了時進來，只說外面的人都是山裏、鄉下人，沒什麼教養，讓我注意。我應了，他便給我講解起王重陽來。在兩邊的道人處跑，想著是一個很好的機會對兩類道人進行一下比較。道長剛來不到一年，還沒跟洗澡堂的村民一起作過會，也沒跟民間的這些先生打過交道。但在當下這個場景中，幾方面的人走到了一起，相互間的關係，對彼此的看法好像也開始展露端倪。

朝斗會第三天再有半天就結束了。今晚是最後一晚，按慣例是要大家一起打歌。以為只有彝族才打歌，沒想到這些「先生」都是像樣的歌頭。白日裏作會用的笛呀笙呀的到這會兒仍然派得上用場。他們站在殿前天井中間，跺著步子吹起了打歌調。村民都圍上去跺著步子跟著走起來。大傢伙拉我一起跳，就跟著走起來。玩得興起，就對起歌來。一群女人先唱起來了。聽不大懂，但好聽得很。就趕快讓道長翻譯。有人在旁邊說話了，這是採花調。說著就立起領著一幫男人對起來。他們嗓門啞啞的，又故意陰陽怪氣地唱，再加上誇張的動作，逗得一群女人咯咯地笑。接著踏歌，換了好幾種步子。巍山附近東山、馬鞍山、青華、南頭巍寶山的打歌各不相同，調子不同，跳法也不同。大家玩到很晚。最後「先生」拱手高聲說了幾句話：洗澡堂的老少鄉親，這幾天怕是沒讓你們玩好，對不住了，來年再來。大家笑起來，便散了去睡了。突然覺得這兩天的會期，長春洞的主人似乎是這些先生，而不是長春洞的道長。道長干得最多的也只是不停地打掃被村民們弄髒的地面。打牌也好，搓麻將也好，打歌也好，領著村民要玩的也是民間道士「先生」，而不是正版的道長。村民們似乎不怎麼敢跟道長搭腔。

第三天大早，幾個簡單的法事便作畢了。這早就開葷了，菜裏加了幾道肉菜。洗澡堂的村民也開始收拾東西走人了。會間打碎了肖遙的幾只碗，就特意留了些自己的碗碟。〔註8〕

朝斗會上幫助整理陰陽牒封套和折疊紙元寶的香客。雲南巍山巍寶山道觀，2001，李文攝

〔註8〕本田野筆記為筆者2001年帶學生在雲南巍山做田野考察時，由中山大學哲學系1997級本科生李文撰寫，筆者有所補充。

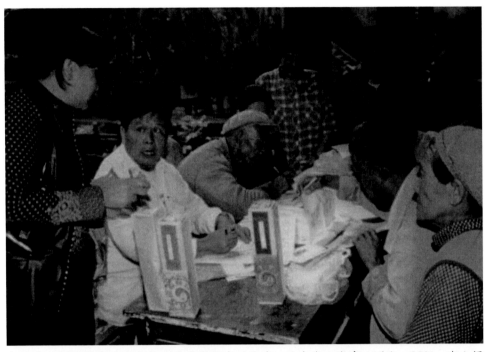

朝斗會上幫助填寫疏文名錄和陰陽牒封套的香客。雲南巍山巍寶山道觀，2001，李文攝

在殿堂裏誦經的「先生」。雲南巍山巍寶山道觀，2001，李文攝

焚化紙符等物的香客。雲南巍山巍寶山道觀，2001，李文攝

田野考察實錄：乞巧節

　　有關星星的節日祭會，人們熟悉的是農曆七月七日七夕節（乞巧節），這個節日與一個有關牛郎星和織女星的古老故事有關。

　　這天夜裏，人們遙望銀河，老人會指出，在銀河西岸，有一大兩小三顆星，那就是牛郎星。他用擔挑著兩個擔子，正苦苦地眺望河對岸的織女星。傳說織女星是天帝的外孫女，在天宮織雲紋錦繡和仙人天衣；後來她偷下凡間，和牛

郎相親相愛，生了兩孩子。天帝知道後大怒，派天神把孫女抓回天庭。老牛讓
牛郎剝下自己的皮飛上天追尋織女。牛郎用擔挑著孩子，被隔在天河西邊。喜
鵲為他們的摯情感動，每年七月七日，便一齊飛向天河，搭起一座鵲橋，好讓
他們相見。相傳織女手很巧，所以，到了這一天，傾慕星女之巧的婦女，要以
瓜果祭祀星神（織女星或魁星神），然後齊坐一起，或對月穿針，比賽眼力：
或以針浮水，覘人巧拙。

　　相關民俗儀式有：擺七娘、拜七娘（巧女向織女祈福）、吃七娘飯（乞巧
藝人自發組織七娘宴）、送七娘（焚燒祭品、恭送七娘回仙界）等。

　　在廣東省東莞市漳澎村天后廟右側供奉著七姐七娘，她們也是漳澎人心
中一群重要的神祇。東莞水鄉人相信在七月初七姐誕的時候，去埠頭洗七姐
水，就能使（身上）沒瘡沒爛，身體健康。此外，當天接的「七姐水」也能
一年不壞，清涼甘甜。據九坊黃婆婆所說，漳澎也試過在七姐誕當天「擺貢」，
一群大姐坐在一起做手工。趙姓和一坊涼棚曾經擺過一臺。以前七月初六半
夜十一點，大姐們便會到埠頭用七姐水洗身（擦擦身子），每個大姐都穿上用
一針一線縫製好的紗綢新衣服，可以是自己母親做的，也可以花錢讓別人做。
然後到天后廟（舊廟）拜神。拜完神后，就回到娘仔房一起吃水果、吃粥，
坐過夜（聊天到天亮），十分熱鬧。拜七姐需要胭脂水粉（七姐粉），七口針，
七條紅綠線，菱角和白欖，果品，三杯酒，三杯茶。大姐要表演穿針，一次
穿過就說明手巧、機靈。穿完針後，就擦七姐粉。七姐粉像蟑螂屎那麼大，
傳說是七姐在天上擦粉的時候掉下來的。擦了七姐粉可以去掉臉上的痣。娘
仔房裏十幾個大姐，大一點的大姐就煮齋、吃齋，也會點著漁燈劃上一個多
小時扒艇到麻湧買東西。父母、兄弟姐妹都相當支持大姐買東西過七姐誕，
父母會出錢給女兒買東西。現在儀式已經相當簡化，就是七姐誕當天到天后
宮拜祭便好了。〔註9〕

〔註 9〕本田野考察實錄由鄧啟耀和項目組成員、中山大學人類學系碩士研究生區海
　　　　泳調查撰寫（2013～2019）。

七姐誕準備的祭品，包括「七仙娘」等紙符。廣東東莞，2013，區海泳攝

　　東莞石排鎮塘尾村的康王誕是農曆七月初一至初七，初七這一天也是乞巧節，所以，女性康王誕期間，除了準備祭祀康王的祭品，還要準備祭祀七姐（七仙女）的祭品。祭品叫「份」，指自行組織的各戶，一般由十幾戶、二十幾戶甚至三十多戶組成一「份」。住得比較近、關係較好的數十戶組成，自願參加，聚到一起湊「份」買祭品拜神。婦女把自家供神的那份錢交給帶頭人，由帶頭人用一張稍大的矩形紅紙，打豎黑字寫上戶主姓名、出資額等，買相關神品集中供拜，紅紙在供神時燒掉。另一張大紅紙裁成方形小塊，分別寫各戶主姓名，到時放到分給每家的那包豬肉、餅果裏，以示公平。我們拜訪的村民鍾奶奶是帶頭籌辦活動的長輩之一，她告訴我們，初四那天，準備水果、糕餅、齋菜、雜各五樣。「雜」指豬肉，豬頭肉，排骨之類。奶奶說：「隨你擺什麼。我就買瘦肉，豬舌頭，豬橫利煮熟。」早上七八點左右去擺供。前面放酒、齋菜，次第是雜、餅、果，「齋前後雜」。工夫做好後人可離去，祠堂有人看守。下午兩三點則去「辭神」。男性也可供神，但一般很少。家裏通常由奶奶準備神品，她的兒媳王阿姨用籮挑去燒，保全家平安。阿姨說：「她們有的要做工夫，有的沒時間。像我這些年輕的，就是說，又圖個方便嘛。那就出幾十塊錢，跟人家說，『誒，反正我是你這一頭的，添我一個，寫上我老公名字吧』。」全村共七份會，最多一份三十幾戶人，從初一到初七輪流到梅祖擺供。「總之就是不讓它空，每天都有人在那兒供奉。」當年家裏有結婚、建房、小孩考上大學等的這些好事的話，要出雞，到時連同所有祭品平均分配給湊份的各家。供桌上按順序要擺齋、酒、雜（即肉類：豬頭肉、排骨、豬舌等）、餅、果，每一種都是五樣。這些工作都是女人去做。湊「份」拜祭康王和七姐，從早上 8 點開始，到下午 3 點

辭神。從初一到初七每天都有不同的「份」去梅菴公祠拜祭。除康王誕，平時做節如大年初一、五月初五等也拜。若更誠心，四個圍門都拜。

正在製作「七夕供案」的阿婆。廣東東莞，2011，鄧啟耀攝　東莞望牛墩印有福祿壽圖符的貢品。廣東東莞，2011，鄧啟耀攝

七仙女

七仙女傳說是玉帝的七個女兒，偷偷下凡遊玩，小女兒和牛郎發生了一段浪漫的愛情故事。仙女和凡人通婚，觸犯天條，小女兒被押解回到天庭，被罰織布。每年七月初七「七夕」是他們相見的日子，牛郎挑著一對兒女，來到銀河邊，喜鵲搭橋，牛郎織女得以相會。七仙女是巧的象徵，被奉為紡織業的行業神，所以七夕節在民間又是女性拈針比巧的乞巧節。

七仙女過天門。雲南玉溪　　　七仙女。雲南玉溪〔註10〕

〔註10〕兩圖自趙寅松、楊郁生主編：《中國木版年畫集成‧雲南甲馬卷》（集成總主編馮驥才），中華書局 2007 年版，第 190 頁。

鵲橋會

七月七鴒（鵲）橋會。楊家埠　　　王母娘娘劃天河一年一會。楊家埠〔註11〕

四、其他天象

虹神蟲龍

　　虹神造型為雙頭蟲龍。小時候，我們就被大人教導，不能用手指長虹。人們認為這種奇異的天象主傷人眼睛，指則眼疼。

虹神蟲龍。雲南大理

霞神

　　當為虹神另稱。主體圖像造型亦為雙頭禽獸，另有彩霞滿天。

〔註11〕兩圖採自宋兆麟：《圖說中國傳統二十四節氣》，世界圖書出版公司 2007 年版，
　　　　第 130、131 頁。

霞神。雲南騰沖　　　　　　　　霞神。雲南〔註12〕

水汗之神

「水汗」音 gan，也是雙頭怪獸虹神，手指則傷人眼睛。如眼睛疼，拿此馬子，連「羊璽王」馬子一起，念道：「請水汗之神、羊璽王出去領受黃錢大錁」，然後燒化。也有識為「水旱之神」的，可用於求雨，和「飛龍」、「龍王」馬子一起祭獻焚燒。

水汗之神地。雲南巍山　　　　　　水汗之神地。雲南巍山

風伯雨師

風雨的適度與否，對莊稼、牧場、房屋等影響很大。所以，風伯雨師是

〔註12〕本圖採自趙寅松、楊郁生主編：《中國木版年畫集成·雲南甲馬卷》（集成總主編馮驥才），中華書局 2007 年版，第 309 頁。

中國奉祀已久的神靈。他們或握主水的龍蛇，或執法器，招來烏雲，呼風喚雨。

風伯雨師。清至民國，雲南　　　　風伯雨師。雲南　　　　　　雨師。雲南
騰沖

風神

風神又稱風伯、箕伯、風師等，為箕星，也有說是一種叫飛廉的神禽。白族民間有「封白」祭俗，為的是禳解惡風暴雨。在「封白」期間，嚴禁白色的東西進村，同時到山神廟、本主廟燒香磕頭，祈禱不要刮大風、下冰雹。

風神。雲南玉溪　　　　　　　　風神。雲南玉溪

風王大將

風王大將。雲南玉溪〔註13〕

雷公電母

與風伯雨師相配，一般是雷公電母。雷公鳥嘴，持鎚擊打發出雷聲；電母執鏡，射出的鏡光即為閃電。

雷公閃電。清至民國，雲南騰沖

電公電母。雲南玉溪〔註14〕

雷神

雷神又稱雷公、雷師、雷王爺、雷震子等，是道教神靈中很突出的一位天

〔註13〕 本圖採自趙寅松、楊郁生主編：《中國木版年畫集成·雲南甲馬卷》（集成總主編馮驥才），中華書局2007年版，第346頁。

〔註14〕 本圖採自趙寅松、楊郁生主編：《中國木版年畫集成·雲南甲馬卷》（集成總主編馮驥才），中華書局2007年版，第348頁。

神，各民族民間也有許多關於雷公的神話傳說，比如苗族的洪水神話，講受困雷公被兄妹所救，遂給兄妹葫蘆種子，種下後長成大葫蘆，洪水來時躲進葫蘆避難。雷神紙馬禳災求平安時使用。

雷神。雲南玉溪

雷神。雲南玉溪

十二位雷神。雲南江川〔註15〕

雷神天將。雲南洱源

雹神

　　冰雹是一種較為普遍的天災，中國各地由此都供奉雹神。北方常見雹神有狐突、李左車、禿尾巴老李、滄浪神。在雲南還有相應的民間俗信，比如大理白族的「封白」習俗，即在某些特定的時間，禁止白色的東西進入村落，以免產生同構對應，引發冰雹。

<hr />

〔註15〕兩圖採自趙寅松、楊郁生主編：《中國木版年畫集成·雲南甲馬卷》（集成總主編馮驥才），中華書局2007年版，第348、349頁。

冰雹神位。清末，北京〔註16〕　　　冰雹之神。民國，北京〔註17〕

五、山神土地

　　山神和土地，一般都和在一起祭祀。凡寺觀、祠堂門側，都有山神土地的位置，上香供奉；許多鄉村，則在村口搭建一個小小的「土地公公」祭壇，供村民四時祭獻；華南地區從鄉村到城市，都喜在家宅門側，留一土地的牌位，或者貼一張土地紙供奉。在每年的正月二十土地誕，廣東東莞一些村落的土地宮前會通宵舉行儀式。據東莞漳澎一坊涼棚小賣部的阿姨說：「以前土地誕的時候，還會用竹篾搭成馬的造型，在上面貼上金銀紙，然後再埠頭前把金銀紙馬燒掉。有喃嘸佬過來念經，會念一整晚的。」〔註18〕不過，現在已經不再舉行這種土地誕儀式，只是簡單地到土地宮上香、燒金銀紙而已了。

　　雲南正月間出行要祭山神土地，祭了清吉平安；清明要祭獻亡人，在有「山神」字樣的石頭前殺一隻紅公雞，把雞血滴在石上，焚化山神馬子，然後到墳前祭獻亡人；喪葬埋人、祭山、上山打獵、砍柴、採藥、挖礦取土、修房建屋，動了龍脈地氣，都要「謝陰地」，祭獻山神土地。陽宅與「五方五土紙」（只用紅色）相配，用公雞祭獻。為什麼用雞？因為雞為鳳，以鳳引龍。陰宅以兩張

〔註16〕本圖引自蕭沉博客：《俗神》（圖為日本人20世紀初收藏）http://xiaochen.blshe.com/post/78/503808，2010,2,11。

〔註17〕本圖引自美國哥倫比亞大學史帶東亞圖書館編：《美國哥倫比亞大學史帶東亞圖書館藏門神紙馬圖錄》，中華書局2018年版，第158頁。

〔註18〕講述：東莞漳澎一坊涼棚小賣部阿姨，採訪：項目組成員區海泳，2013，廣東東莞。

配套。人或牲畜像不穿衣服一樣冷得發抖，是撞著了山神。要用五六對紙盒，三牲元雞去祭獻。東西要用足。如果需要六對他只拿三對，一張馬子剪做兩張用，小氣，不好。雲南羅平布依族摩公說，以前土地神當奴隸，管家務。供了土地神不能吃狗肉，摩公尤其不能吃。

山神

人或牲畜突然像不穿衣服一樣冷得發抖，是撞著山神了。正月間或上山打獵、採藥，都要祭山神（同時配祀獵神、藥王等）。雲南山多，出行也要祭山神，求清吉平安。山神多為武將打扮，也有文士模樣的，均騎虎。用五六對紙盒，三牲元雞祭獻。祭山神不能小氣（吝嗇），如果一張紙錢剪作兩張用，山神不高興。

山神。雲南騰沖

山神。雲南巍山

山神。雲南騰沖

護山白虎。雲南大理

岩神

雲南一些地區也把岩神當山神祭奉，認為它主管五穀六畜，人身安康。

岩神。雲南德宏　　　　　　　　　　岩神。雲南大理

青山老祖

青山老祖傳說是唐代天寶戰爭死難的六位唐將，死後成為雲南巍山的地區性山神，供在西邊山上，過年過節祭獻後燒。神漢跳神也用，燒犁頭時祭獻青山老祖，抬犁頭時不會被燙傷。但如果有人使雀（雲南方言，意為搗鬼），燒了此符，他就抬不起來。

青山老祖。雲南巍山　　　　　　　青山老祖。雲南巍山

青山老祖。雲南巍山　　　　　　青山老祖。雲南巍山

山神土地

　　凡有動土，如起房蓋屋、下葬、耕地、開礦、修路、出門出戶，甚至祭獻
亡靈（一般認為亡靈在地下陰司）等，首先要請來土地紙（山居者連同山神），
祭祀土地山神。山神土地配五方紙一次燒五張，代表東西南北中五方；還要燒
一些銀紙，給五方孤魂野鬼。陰宅用兩張山神土地紙配套，陽宅用五方五土。
動了龍脈地氣，祭獻用公雞，雞為鳳，以鳳引龍。在華南地區，凡寺廟、祠堂
的門側、家宅門口、村莊邊角，大都有土地的祭壇。所以老百姓說「山神土地
用處大」。

山神土地。雲南巍山　　　山神土地。雲南巍山　　　山神土地。雲南巍山

山神土地。雲南巍山　　山神土地。雲南巍山　　山神土地。雲南巍山

山神土地。雲南保山　　山神土地。雲南保山　　山神土地。雲南保山

山神土地。雲南大理　　山神之神，土地之神。　　山神土地。雲南大理
　　　　　　　　　　　雲南大理

山神土地。雲南畹町　　山神土地。雲南祥雲　　山神老爺，土地老爺。
　　　　　　　　　　　　　　　　　　　　　雲南大理

山神土地。雲南大理　　　　　　　　山神土地。雲南大理

土神

　　土神有土地、土地正神、土地之神等稱呼。在中國人的心目中，土神的形
態和內涵十分豐富。它是土地的土，是地方轄區的土，也是方位的土；是人居
之地的土，是亡靈落土的土，也是形而上的土（如九宮八卦土科）。所以，對
於土地的祭祀儀式，幾乎無所不在。春種秋收、起房建屋、開礦修路、埋葬死
者，凡是要「動土」的事，都得祭祀土神。蓋房動土，挖壙動土，耕種田地，
都要到寺廟裏，買專門的土地正神符像馬子，祭獻焚燒。

土神。雲南巍山　　　　　　　　　　土神。雲南大理

土地正神

土地正神。雲南騰沖

土地正神。雲南騰沖

土地正神（局部）。雲南騰沖

土地之神。清末，北京〔註19〕

─────────────

〔註19〕引自蕭沈博客：《俗神》（圖為日本人20世紀初收藏）http://xiaochen.blshe.com/
post/78/503808，2010,2,11。

土地

土地一般被描繪為一個矮老頭，愛管閒事，百事通，人們做任何法事，只要在地面上，都得請他出面。

土地。雲南騰沖

土地。地點未詳

土地。雲南大理

土地。雲南芒市

土公土母

在人們心目中，土地和人一樣，也有性別，也會繁衍，故有「土公土母」「土子土孫」等系列。雲南大理喜洲一帶，每年除夕，要把「土公土母」的紙符面向下貼在大門進門的欄下。房屋蓋好後安龍謝土，也要念經用這張紙符。

土公土母。雲南大理

土公土母。雲南大理

土公土母。雲南大理

土公土母。清末，北京〔註20〕

〔註20〕引自蕭沉博客：《俗神》(圖為日本人 20 世紀初收藏) http://xiaochen.blshe.com/post/78/503808，2010,2,11。

土科

　　土科主要用於安龍奠土及喪葬儀式所需的謝土，如犯太歲，亦要用之化凶。久坐地上，腰腿痛了，或是做夢見到牛，先生就會說你「土重了」，需要祭獻「土科」。「土科」紙符，一次用五張，祭獻用雄雞一隻，豬頭一個。

土科。清，雲南騰沖

土科。雲南騰沖

土科。雲南騰沖

土科。雲南保山

土科。雲南保山

土科。雲南德宏

土科。雲南騰沖

土課馬子。雲南大理

土坐（座）

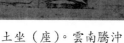

土坐（座）。雲南騰沖　　　　　　（土坐？）。雲南騰沖

田野考察實錄：雲南羅平布依族祭山

據布依族村民和摩公（巫師）介紹，布依族最大的節日是三月三。

布依族三月三期間有很多祭祀活動，其中最重要的是祭山神。雲南羅平縣布依族三月三要祭神山、祭冰雹山或五穀山，還要祭龍潭，貴州安龍縣部分布依族傳說三月三日是「山神」的生日。所以雲南、貴州等地布依族的三月三，又被稱為祭山節。

雲南羅平縣布依族的祭山持續三天，節期從農曆三月初三到三月初五，全村停止生產三天。傳說五穀山是掌管五穀的神居住之地，神山是一位姓李的大官化身的，他監督管理所有的神和寨子裏的大務小事，有哪樣災難，有什麼事情，就求它，不要受災，不要受蟲害，五穀豐登，有吃有穿，保祖保佑。祭神山前，每家人出一些錢，由村裏主持祭祀的人家購買祭祀用的牲畜和香燭等。冰雹山、神山都拿羊祭，一般是一隻羊、一隻雞冠很好的紅公雞，祭五穀山的時候要一隻狗。祭祀時，每家要出一個男人（女人不能參加，一般也不帶兒童去），帶三炷香、三張紙錢。參加者要穿紅色或綠色服裝，禁穿白色或花色。

儀式在農曆三月三日下午舉行，由摩公主持。神山上有一個石香爐，祭祀山神就在那裏舉行。多依村的一位劉姓摩公說，三月三祭神山和冰雹山的時候，要請摩公看那雞卦好不好。萬一雞卦不好，如果家庭當中不發生意外的事情，也就算了；如果發生意外的事情，要重祭。重祭還不好，就要大掃除（做

「掃寨」儀式）。寨子裏的老人們去敲老人房那的大鼓，咚咚地敲三聲，召集會議，商議怎麼辦。老人房旁邊原來是當地富戶的大宅地基，解放後劃為地主，破敗了，成為荒地。老人房過去懸掛的是銅鼓，後來改用牛皮繃面的木鼓，現在只剩下一個沒有鼓面的木桶。老人們商議定了，就請摩公來做。摩公在祭祀場地或家屋門頭，懸掛紅色布條和竹片削的尖刀，門楣上，還用三枚錢幣（中間一枚用銀元）砸進木裏，把紅布固定在上面。如果家境順達，這塊紅布一種不動；如果遇到不順之事，就要請摩公做法事更換這塊紅布。摩公在祭祀地點設祭壇，安三張桌子，一張送五海（蠱），一張送陰兵，一張送瘟神，桌上擺五個碗，供奉五穀、雞蛋、公雞、酒、茶、土紙做的紙錢和真錢等。桌下用竹片和芭蕉葉製作一個小轎子，把香放在轎子裏頭。摩公帶著寶劍去到供桌那裏，三炷香點好了，蠟燭點好了，沒有蠟燭點香油。摩公持刀和幾枝樹葉茅草，拿一個碗，裝一些瓦礫石粒，一邊向四處撒，一邊念：

> 一掃東方甲乙木，兇神惡煞往外出，
>
> 二掃南方丙丁火，兇神惡煞往外躲，
>
> 三掃西方庚辛金，兇神惡煞往外走，
>
> 四掃北方壬癸水，兇神惡煞往外追，
>
> 五掃中央戊巳土，兇神惡煞往外堵，
>
> 是道是金剛，是鬼是大王，
>
> 砍大鬼殺大王，打不死就把它嚇死！

念完，持刀把樹葉茅草和剩下的瓦礫石粒潑撒在祭場外。一個年輕人從點燃鞭炮，從場內飛快跑到場外，參加祭祀的人一起吆喝，做出各種動作追打邪靈，攆它們出去，把給鬼做的轎子抬到岔路口扔掉。摩公持刀端碗守在門口，念一段咒語，含一口冷水向外噴，連噴三次：

> 一口噴上天，天就塌，
>
> 二口噴到地，地就崩，
>
> 三口噴到中央，鬼就送，
>
> 大鬼度在九千里，小鬼度在九坪坡，
>
> 二十四萬將軍，
>
> 鬼山對鬼山，鬼山對青龍，
>
> 急急如律令，奉太上老君！

　　然後把刀和碗放在門外,把門關上。這儀式叫「冷水治水法」,摩公說:「我們當摩公的,頭有三老虎,腰中有三條龍啊,殺龍不留尾,殺鬼不留情,把一口水噴到天去,他媽的,鬼都怕了!」在布依族摩公看來,世間漫遊著無數的鬼靈。凡是凶死的,都會變成「大將軍」。如從山崖跌落摔死、出車禍死、難產死、被刀砍槍殺死,死後他們的魂變成鬼神,當地布依族稱為「大將軍」。「大將軍」的一個魂留在他死的地方,小娃娃去放牛,大人去幹活,運氣不好就衝撞著了。在我們調查期間,就有一個女性村民,去放牛的時候突然摔了一跤,摔昏了。被人背回來,送到醫院,醫生給她打針,又昏了。醫生弄不清是什麼問題,嚇著了,說,我是治不了啦,還是背回去,請你們的摩公用迷信弄弄。摩公幫她算(占卜)了一下,認為是衝犯了「大將軍」,一位抗日戰爭時死在這裡的國民黨將軍,他死後變成了神。放牛的村民不小心衝犯了他,所以摔昏了。昏得不明不白,醫生搞不定,只好來找摩公。摩公用三根穀草,一炷香,拿紙剪兩面小旗,一把傘,插在一個竹筒做的小香爐裏。問題不大的,送個潑水飯就夠了;如果情況比較麻煩,就要獻一隻雞。把雞煮熟,請被祭祀的「大將軍」來驗貨,撒潑水飯;回熟,再撒潑水飯,然後把所有祭品帶到野外岔路口,送它們出遠離開。送走它們,可以把雞拿回來吃。過一段時間,摩公要當事人拿一件穿過的衣服,拿著剪刀,到火塘邊對火觀察法事效果。根據情況,念一個口功,教當事人如何如何做。

　　年節期間殺豬宰羊時呈現的情況,具有重大的兆象意義。如我們訪談的劉姓摩公告訴我們,他的四弟過年殺豬,出血太少。一般都會放出半盆血來,他那隻豬只滴出幾滴血在鹽巴上,這就是出大兆頭了。所以,他的四弟不久前突然去世了,遺體一直沒有安葬,在田壩裏搭了個棚子做法事。

　　摩公做過儀式之後將牲畜殺掉,祭祀山神。回熟後給到場的人們分食。出資祭祀但沒有到場的人家也能得到一份。人們認為吃了祭過山神的祭品,會保人畜平安,五穀豐登。

　　節日期間,也是村里人商討村中事務的時間。村裏的各種重大事務,都在這個時候商討。村民認為,有山神看著,沒有人敢亂說亂講、弄虛作假。各家各戶則泡糯米,染花飯和彩蛋。小孩佩戴裝有彩蛋的掛飾「蛋包」,象徵吉祥。染花飯的染料採自山野,均為可以食用的植物,男女青年舉行盛大的遊山、對歌和交友活動。

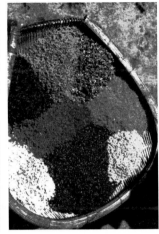

布依族三月三染花飯、佩戴裝有彩蛋的掛飾「蛋包」。雲南羅平縣，1997，筆者攝

　　據說，貴州安龍縣布依族在三月三「山神」的生日裏，也要掃寨祭山神。三月三這天，人們到村寨山神壇前擺設雄雞、刀頭等供品，還要殺一頭狗，將血灑在紙旗、紙馬和寨子進出要道口的石頭上，然後由摩公及其他人員攜帶淋有狗血的紙旗、紙馬到各家各戶掃除妖魔鬼怪。各家大門口要設置一張長凳，凳上擺一只裝滿清水的水碗和一只裝有瓦礫石粒的碗。摩公在大門口咒念經打卦，再將瓦礫石粒向這家房屋內亂撒，將水碗的水四處亂潑，掀翻大門前的長凳，扣起水碗，意為掃除了魔鬼。最後，給這家插上沾有狗血的紙旗紙馬，另赴他家去掃。村寨住戶都輪掃完畢，摩公回到神壇，將收掃的妖魔鬼怪集中鎮壓於神靈之前，然後全寨男人於神壇處就地會餐，稱為陪神吃飯。〔註21〕

田野考察實錄：滇川摩梭人朝山節

　　在雲南省寧蒗彝族自治縣瀘沽湖邊，有一座山叫獅子山。與當地摩梭人母系大家庭和走婚的文化傳統相對應，獅子山的山神也是女神。這位女神名叫「格姆」，與一群男山神過著自由無拘的「阿夏」走婚生活。她不僅主宰著永寧地區的人口興衰，農業豐歉，牲畜增減，而且還影響著婦女們的婚戀和生育。人們崇拜「格姆女神」。每年農曆七月二十五日，當地摩梭人要舉行盛大的朝山會，這天既是莊嚴的神祭之日，也是狂歡的人會之日。

　　傳說這天是格姆女神放假的日子，她要到西藏逛，因為天下所有出名的山神都要到西藏聚會。辛辛苦苦當了一年山神的他（她）們，放下架子，心情放

〔註21〕三月三的民間習俗 2016-4-8 16:11:00 中國食品科技 http://www.tech-food.com/kndata/detail/k0200090.htm

鬆，喝酒、唱歌、跳舞、會情人、擲骰子，賭它兩把或幹點瘋瘋癲癲的事。就像所有嗜賭的康巴漢子一樣，所有山神把幾粒刻有圖符的羊骨頭藏到一個盒子裏，用手掌按緊，大喝小叫地猛搖一陣，突地按在地上，所有目光和吆喝凝住片刻，再度爆發——狂笑的、大叫的、唉聲歎氣的……

摩梭人喜歡熱鬧的格姆女神當然也在其中。

女神放鬆的日子，本來也該是眾生放鬆的日子，沒想到女神的賭博，竟感應著她老家的天象物候和人情。如果她擲骰子贏了，眉開眼笑，瀘沽湖一帶自然風和日麗，一年的收成都沒得說；要是輸了，便會像任性的村姑一樣大發脾氣，獅子山方圓數里立馬陰雲密布，電閃雷鳴；要是她輸急了大哭大鬧，這一帶更要遭殃，暴雨大雪，狂風裏冰雹。在我 12 年前的田野考察筆記裏，找到這樣一段記錄：

> 西藏過年時，山神好賭錢。輸了，他管的這個壩子收成就差；再輸，牛馬牲口死；三輸，人死。所有的山神都去西藏賭，你有你的狠，我有我的狠。有的騎白馬，有的騎黑馬，我們的格姆騎獅子。要是女神贏了，做了好事，初一十五我們敬松毛，磕頭，山就喜歡了，收成好，牲口好，不打雹子，人聰明一點。

> 講述：品初，摩梭人，69 歲
> 翻譯：楊二車，摩梭人
> 講述地：永寧泥鰍溝
> 記錄：1981 年 2 月

因了這個事，格姆女神放假的日子，格姆山麓和瀘沽湖一帶的老百姓並不輕鬆。為了使女神在賭博桌上大勝男神，七月二十五這天不管你有事無事，都得到格姆山腳，女神的身邊，表示一下聲援助威的意思。喇嘛頌經佈道，百姓燒香祈禱，拉拉隊般發些聲音，做些手腳，好讓身處客場的女神能在這個關乎一年時運的賭局中大獲全勝，讓永寧地方平平安安。因而，在那天，以女性為中心，形成一個女人的節日，以示對女神的聲援。

在嚴汝嫻、宋兆麟著《永寧納西族的母系制》一書裏，有一女神神像的摹本，她騎白馬，一手拈箭，一手捧蓮花，巡遊在水面上，馬前有她擲下的兩個骰子，這便是她一年一次的「命運之賭」的寫照。

七月二十五日那天，太陽剛剛從東邊的山頭升起，瀘沽湖附近村子裏已經有人在四處走動了。頌經的喇嘛隊集中在扎美戈喇嘛寺，先頌一段經文，然後

從寺內出發，前往格姆山。喇嘛們穿起僧服，頭上一律戴雞冠帽或撮箕帽，身
披紅黃袈裟，小喇嘛牽馬，一列縱隊，行進在彎彎的山道上。在喇嘛隊的後面，
簇擁著善男信女，人們穿紅著綠，舉家前往。紅土路上，從四面八方匯聚來過
節的人們，熱鬧非凡。不用問路，只要跟著那些穿得光光鮮鮮的人走就行。他
們挎包提壺，有的還背著乾柴和炊具，像是要舉家野餐的樣子。臨近山腳，遠
遠看見山腰人群密集處有縷縷青煙升起，雲霧徐徐融入格姆女神山頭。

在格姆山下，喇嘛們已經搭起白色的帳篷，掛上神像，擺好祭品。法號嗚
嗚響過，喇嘛們排成兩列，打盤腳坐在帳篷裏鳴響法號，開始誦經。來祭祀神
山的人們，年紀大一些的都會到喇嘛們面前磕個頭，然後到山腰上的瑪尼堆前
點燃柏香，撒上香沫，把布印或紙印的五色「風馬」，繫在連於神樹和瑪尼堆
的繩子上。

瀘沽湖干木女神山和祭祀神山的喇嘛。雲南寧蒗縣，1993，鄧啟耀攝

人群向女神山彙集，向神山叩拜，祭壇的青煙和山頭的雲霧連為一體。雲南寧蒗縣，
1993，鄧啟耀攝

女神山上的瑪尼堆，插滿風馬旗。雲南寧蒗縣，1993，鄧啟耀攝

在女神山的瑪尼堆上，村民係上自己帶去的風馬旗。雲南寧蒗縣，1993，鄧啟耀攝

　　人們三五一群，以氏族為單位，選定野餐的地方。喇嘛的聲聲銅號，在秋風中送遠，震動著山野河谷。鑼鼓敲響了，排成兩列的喇嘛們在帳篷內，打著盤腳誦起經來。人們都來到喇嘛們面前，面對女神山祈禱磕頭，之後，陸續走入一片神樹林中，燒上濃濃的香火，撒上香沫，在樹上拴繫五顏六色的經幡。祭拜完畢後，人們在山野埋鍋造飯，吃一頓豐盛的午餐。

　　下午，開始表演獅子舞和鳳凰舞。表演結束後，人們自由組合跳起歡快的鍋莊舞。不願跳舞的還可以參加「打秋韆」、賽馬等娛樂活動。屆時，整座山上歡歌笑語，人山人海。到傍晚時分，人們陸續散去，只有那些談不完知心話的阿夏們，故意放慢腳步，漫遊山野景色，恨不得太陽早些落山。

　　完成了家族和村社神聖使命的人們開始轉移，他們三五成群，以家庭或氏族為單位，在山坡平緩處選定野餐的地方，架柴燒水，打酥油茶，地上鋪滿各式各樣的點心。下午，一般還要表演獅子舞和鳳凰舞、跳鍋莊、打秋韆、賽馬，更多的人則要轉山和轉海；求偶祈育的人，則到獅子山腰的崖洞裏，祈求女神保佑她們喜結良緣，順利生兒育女。傳說，由於格姆女神人才好（長得漂亮），她望到哪裏，哪裏的姑娘就最漂亮，她司掌著瀘沽湖地區女人的長相、姻緣和生育，成為她們的護佑神，所以，摩梭女人祭祀最勤的就是格姆女神。

　　如果追根溯源，這可能是遠古人們對自然崇拜的延伸，之後，加進了許多人們想像的產物，借女神來說明人間萬象。摩梭人的生活中，婦女享有較高的地位，尤其是屬於母系家庭以及走婚的習俗，人們想像出這麼一個神靈，反襯生活中的女神們。我很懷疑這是聰明的女人們設的圈套，借宗教來鞏固自己的地位，並想像出一部作品來告訴男人：瞧，女神都這樣！你們敢不聽神的旨意嗎？

　　朝山節始於何時？所祭女神格姆為何時代的人？均無法說清。摩梭人崇拜祖先，還崇拜大自然，人們相信天地日月，風雨雷電，樹木飛鳥都是有靈魂的，都有神掌管它們的意志。萬物有靈的觀念由來已久越久越深入人心，人們用崇拜的心情予以祭祀。從傳說看來，這是土著宗教——達巴教的自然崇拜與外來宗教藏傳佛教的影響，共同孕育和發展的一個節日。在藏傳佛教還未進入以前，以村寨為中心，人們聚集在一起，祭祀村寨邊傑出的山脈，稱呼為「日則勸」，即祭山神。自從藏傳佛教傳入，將格姆山作為一個女神的偶像，稱之為「塔洛森格格姆」，即：永寧地方騎白獅子的格姆女神。每年固定祭祀，久而久之，遠近聞名，從而演繹出許多美麗動人的神話傳說。隨著民間祭祀的隆重和人們心理的需求，在格姆山下者波村旁，還建過一座格姆寺，寺內祭供食品、香燭，壁上畫著女神畫像，其畫內容為：女神騎一白馬、一手握竹笛，一手握一棵珍珠樹，巡遊在白雲繚繞的山尖。每一年祭女神的節日，都在這座寺旁舉行。屆時，人們燒香磕頭，祈禱聲聲。

　　在1981年1月的考察筆記上，我查到阿烏們給我們講的轉山轉海的事。關於格姆女神的來歷，在永寧地區有一個廣為流傳的故事：很久以前，永寧者波村裏有一個迷人的姑娘，名叫格姆。她生下七天就會說話，三個月已經懂了人世間的事，三歲時人人愛。她不僅美麗出眾，還能歌善舞，能說會道；竹笛吹起來，百鳥停歌佇立；歌聲響起來，百靈羞愧不已。不僅如此，她勤勞能幹，

織布如彩雲飄飄，背水猶如風擺楊柳。她的美名不脛而走，傳遍天下，所有的小夥子都來走婚，她家的門檻幾乎被踏平。十八歲時連天上的神仙都看中了她。神掀起一陣龍捲風把她捲走，要她做伴。她身不由己，只能在半空中大聲呼叫。整個永寧壩的人都聽到了，看到了，人們齊聲吆喝，聲音像打雷一樣響。男神慌了，失手把格姆摔到了獅子山上。她就這樣和獅子山化為了一體。人們為紀念這位美女，用歌聲表達內心的崇敬，歌中唱道：

> 阿哈巴拉馬達米
> 高高的獅子山
> 格姆女神住其間
> 女神墊的是啥子
> 女神墊的是青草壩子
> 女神腳上穿啥子
> 女神腳上穿落水海子
> 女神栓的腰帶是啥子
> 女神栓的腰帶是青岡栗樹林
> 女神的眉毛是啥子
> 女神的眉毛是白香樹
> 女神的斗笠是啥子
> 女神的斗笠是雲彩
> ⋯⋯

演唱：格狄谷瑪（81歲）、單支（72歲）、都日達石（65歲）、
　　　　七別錯（66歲），摩梭人
翻譯：阿普二車，摩梭人
演唱地：永寧泥鰍溝下村
記錄：1981年2月

　　這首歌在瀘沽湖地區版本不一，但十分流行。到瀘沽湖成為旅遊熱點之後，經過當地文化人的整理修飾，已經成為摩梭姑娘們對遊客的保留節目。摩梭人認為，女神的靈魂永遠在山上遊歷，她騎著白獅子，吹著竹笛，望著故上，護佑著這裡的人民。天陰天晴，人們一望格姆山就知道；有無風雨雷電，看格姆山頂就明白。女人不生育，到格姆山洞祭拜就會有，男女青年結交阿夏，讓格姆女神作證。因此，她變成了豐收神，和平神，婚姻神和愛神。

　　據說，在者波村旁，曾經建過一座格姆寺，寺內壁上畫的女神騎白馬，一手握竹笛（或箭），一手握一棵珍珠樹（或捧蓮花），巡遊在白雲繚繞的山尖；在獅子山南和瀘沽湖裏小島上，也有一些祭祀女神的神龕，她的畫像，卻又是一位騎鹿的女性。每年到祭女神的日子，附近村子的人都要來格姆女神寺或神龕前，燒香磕頭，祭供糌粑、牛奶、蜂蜜等食品和鮮花，祈禱女神保佑。

　　阿烏們還告訴我，轉海，一直要轉到四川那邊的色誇村，因為色誇那地方過去是泡麻的地方，所有的「咪揭」（「咪」是女人，「揭」是能幹、美麗），都集中在那裏，那裏能幹的女人多，美女多，所以大家不約而同都會在那裏宿一晚，打跳，唱轉海的歌，結識新朋友。許多姑娘夥子，就是在轉山轉海的時候結了緣。到一個地方，人多了，就有人承頭邀約大家打跳。

> 會跳舞的來跳舞
> 會唱歌的來唱歌
> 會吹笛子的前面領
> 戴犛牛尾巴帽子的在後面接
> 板鋤雖然小
> 還想挖大地
> 毛驢聲音大
> 東西馱得少……

演唱：格狄谷瑪（81 歲）、單支（72 歲）、都日達石（65 歲）、
　　　　七別錯（66 歲），摩梭人
　　　翻譯：阿普二車，摩梭人
　　　演唱地：永寧泥鰍溝下村
　　　　　　記錄：1981 年 2 月

　　我注意到，無論轉山還是轉海，人流的方向並不像在藏區那樣基本一致。在這裡，漫遊的人群沿獅子山和瀘沽湖的小路，有的順時針方向朝右轉，有的逆時針方向從左旋，在路上遇到，互相打個招呼，還各自走各自的路。到了某個歇息之地，無論右轉還是左轉的，都會聚在一起，不分彼此。人們告訴我，轉山轉海的方向，和他們信仰的宗教派系有關。信仰藏傳佛教（俗稱黃教）的，順時針方向轉；信仰藏傳佛教（俗稱白教）和達巴教的，逆時針方向轉。但不論怎麼轉，意思都是一樣的，都表示對女神山和母湖的敬仰。

只要有人在地平的地方燒起一堆火，人就會聚攏。人聚多了，手不知不覺就牽起來了。
雲南寧蒗縣，1993，鄧啟耀攝

接近村子的時候，出現一些土壘的矮牆。矮牆上用黏土巴了些樹葉防雨水沖刷，牆內是各家的園地。從矮牆間迷宮般的小路走進村，背風向陽的場地一定會坐著幾位曬太陽的老人。奉上香煙，他們的話便隨那煙霧飄了出來，開天闢地，天南海北，這個說了那個幫，你一言我一語講許多「很久很久以前」的故事，當然，望著獅子山，老人們講得最多的就是關於格姆女神的傳說。其中，關於格姆女神和諸多男神的風流韻事，是老老少少都喜歡談論的話題。他們會一個個數出和格姆女神交過「阿夏」的男神們，比如她的長期阿夏瓦如卜拉山神，短期阿夏如托波山神、高沙山神、則枝山神、瓦哈山神、斯普那山神等，至於交過沒成的更多了，如斯普那山神等。不過，他們在談這些事的時候，神情就像談家事一樣的自然。他們喜歡拿女神來為自己的走婚習俗做注解：「格姆女神都走婚，我們當然也要走婚。」

　　這獅子山神是女的，叫格姆哈科，獅子是她騎的，想去哪點一下就到了。女神長得漂亮，想和她好的人多。麗江優古麼若雪山是男神，和格姆談戀愛。優古麼若來談，格姆看不起他，沒談成，優古麼若就報復，把女神捆到大石坡上。她後來掙脫，逃回來了。她和斯普那山神也談過，還是看不起他。男山神日氣了，把女神捆在馬尾巴下，這才談成。

　　　　　　　　　　　　　講述：品初，摩梭人，69歲

翻譯：楊二車，摩梭人

講述地：永寧泥鰍溝

記錄：1981 年 2 月

托波山神和格姆走婚，一年會見一次。托波山神騎白馬，格姆騎獅子。他們見面是蠻精靈（精明、機靈）的，不讓正常人看見。聾、啞、傻的人能看見，農曆十五、二十五和初五時可以看見兩人相會。不過他們見了也白見，不會傳。

文化大革命開始時，什麼規矩都不靈了。我們這兒有個丫頭看見了格姆山神，告訴了大家。她說格姆女神穿紅袍，頭上插花，纏紅、黃、綠的線，戴耳環，珠子玉石裝飾起，下身穿裙。另外，還有三個女的和她在一起，打扮像我們摩梭人。

托波山神去時，只聽見馬穿子的鈴鐺響。他要在雞叫前回去，要是不回去就完了。

講述：瓦布高若，摩梭「達巴」，約 60 歲；

「達巴」翁爭，摩梭人，49 歲；

翻譯：農布，摩梭人；

講述地：左所中村二大隊

記錄：1981 年 2 月

我的摩梭同事拉木‧嘎吐薩在他收集的摩梭民間故事集〔註22〕裏收錄了這樣一個傳說，說明山神們走婚必須在天亮前按時回去，否則會很有麻煩：

有一次，高沙男神趁瓦如卜拉男神不在，悄悄地走訪格姆女神，但他們鬧了彆扭，高沙男神準備離開格姆女神，要到遠方去找蒼山姑娘，格姆女神又捨不得讓他離開自己，她就扯著高沙的衣襟挽留，就這樣，一個往回拉，一個往後拉，拉來牽去，已經到了黎明時分，公雞已經打鳴了，他們只好爬在了地上。直到現在，高沙男神的衣襟還扯在格姆女神的手中，他們緊緊地連在一起了。

流傳地區：寧蒗縣永寧區

講述：翁吉瑪‧魯若，摩梭人

記錄：拉木‧嘎吐薩，摩梭人

〔註22〕雲南省民間文學集成辦公室編：《雲南摩梭人民間文學集成》，276 頁，中國民間文藝出版社，1990 年。

　　有一天，只有男生的時候，楊二車突然指著遠處的一座小山問道：「你們看，那條山包像什麼？」我們正走在一個山坡上，看到那是達坡村附近的山包，長長一溜，所以二車稱其為「條」，但我們實在看不出它像什麼。

　　「那是則枝山神的那東西」，二車指指下身，笑道。見我們愕然，他講了一個故事：

> 格姆女神的長期阿夏瓦如卜拉山神是惹不起的一個。有一次他出遠門去了，格姆就約會了則枝山神。兩個人晚上正幹得歡，瓦如卜拉山神回來了，見他們這樣，老是日氣，拔出刀子，砍掉了則枝的那東西（男性生殖器），丟在那裏。你們去看則枝山，直到現在，它還是缺著一個角。

　　讀前人有關摩梭人走婚習俗的調查報告，我一直以為沒有性嫉妒是這種婚俗的特點之一。可是從民間傳說中，似乎不僅可以看到強烈的性嫉妒（如上述瓦如卜拉山神傷害情敵的故事），而且還可能看到被男性主義強暴的女神（如前述談戀愛沒談成就把女神捆到大石坡上、馬尾巴下的優古麼若和斯普那山神）。這倒提醒我在做調查的時候，除了注意「是什麼」的問題，還應該注意「不是什麼」之類的問題，也就是多觀察事物的不同方面。我想知道，無論在傳說中，還是在現實裏，「女兒國」，是不是真是女性為大的世界？〔註23〕

六、水神龍王

　　龍王崇拜在中國民間十分流行，這並非是因為後來說的「龍的傳人」那個意思。道教裏的龍神，和佛教裏的龍神，有所不同。民間信仰中的龍神，也有不同性質。比如有的少數民族，是把龍神視為邪神的（如雲南摩梭人）。在其他民族中，龍神也是有善有惡。但共同點是，除了「火龍」，龍神一般都與水相關。凡海洋、湖泊、江河，都有龍神管轄；如在天上，它們則掌握降雨；還有的龍神，是方位和風水的標誌，甚至掌管人們的糧倉和財寶。所以，在民間，它們的形象，會因它們的作為而有所不同。如果某地風調雨順，這個地方的龍就是好龍；如果久旱不雨，則是龍神失職；如果湖海興風作浪、江河泛濫成災、

〔註23〕本田野筆記主要節選自鄧啟耀著：《瀘沽湖紀事》，北京：中國旅遊出版社，2006；同時參閱了摩梭作家拉木·嘎吐薩和筆者合寫的《女神放假的日子》，見筆者作為文字主編的《雲南人文影像》，雲南民族出版社，2004。

雨水洪澇無度，便是惡龍作怪。以農業為命脈或以捕撈航運為生的族群，在水的問題上最為小心，不能亂堵亂放，不能弄髒了水源。

1. 水神紙

水是農業的命脈。水可潤土，也可成澇。農業大國對水的依賴特重，關於水的治理和控制，由此成為所謂「亞細亞生產方式」和集權控制的基礎。在民間，關於水資源的爭奪、水的分配、水的祭祀，亦形成了一套完整的鄉規民約和信仰民俗。

水神紙的形態多樣，有的直呼水神，有的以龍指代。

水神

水神有泛指的司水之神，也有專屬的河伯水神、江河小聖，特指的湘君、洞庭女神，以及邪性的水怪、夜叉等等。《山海經·海外東經》中的天昊，即是傳說中的水神。水神紙馬，水災時燒，天干時獻，下雨太多也獻。

水神。雲南保山　　　水神。雲南保山　　　水神。雲南保山

水神。雲南大理　　　　水神。雲南大理

河伯水神

河伯在中國神話中出現很早，射太陽的羿曾經射瞎河伯的眼睛並擄了他的妻子。殷商時，祭河神甚至用人祭。直到很長時間，把人投水祭祀河神的事還時有發生。秦漢時期出現祭五嶽四瀆的制度，祭祀江、河、淮、濟成為國家祀典。

河伯水神。雲南大理　　　河伯水神。雲南大理　　　江河小聖。清末，北京
〔註24〕

夜叉

巡海夜叉是海中凶神，以巡海護衛為主要職責；飛天夜叉則是佛教傳說中的食人鬼，說其「地行羅刹，遊於四天，所行無礙。」（《楞嚴經》卷八）

巡海夜叉。雲南昆明　　　飛天夜叉。雲南民族博物館展品

〔註24〕引自蕭沉博客：《俗神》（圖為日本人20世紀初收藏）http://xiaochen.blshe.com/
　　　　post/78/503808，2010,2,11。

井神

每年除夕，白族要用「井神」「財神」「利市」「和合」「當年太歲」「灶君」
等紙符，貼在井口上「封井」。大年初一在自家井旁祭祀水井，祈求家中清淨
如水，財源不竭如井。祭祀後把封井的紙符焚化，才能開井取水。在打井取鹵
水熬鹽的地區，井神兼為鹽神。

井神。雲南大理

2. 龍神紙

龍神紙的種類很多，一類是一般所指的龍王、水神，掌管水府。一類功能
比較複雜，如管水的白龍，主清吉；與風水有關的青龍或蒼龍，掌管地脈；民
間信仰以水為財，所以也有龍神兼為財龍。還有一類是地方性的龍神，如雲南
高原湖滇池水口管事的「四海龍王」。龍神也和人的病痛有關。出門在外，人
氣弱，過路不小心，回來時帶回了病，腳疼肚痛，就是「闖著」了。請神婆查，
如果是惹到龍王，就要去「善付」（祭拜）。

龍王

中間是龍王，旁邊是龍太子。祭獻龍王在在吃水處獻。龍王是吃葷的，所
以要拿大肉獻。年三十晚上、初一十五、初二，備三牲、米飯、茶酒，擺在水
井前，或者水龍頭旁邊，祭獻後燒龍王馬子，配一份銀錢、一對錁子。發山洪、
求雨、謝土也獻龍王。有的龍王兼為本主，如雲南大理洱源下山口七八公里處
廟裏供奉的大黑龍王，主管洱源一帶。

龍王。雲南巍山

龍王。雲南巍山

龍王。雲南巍山

龍王。雲南巍山

龍王。雲南巍山

龍王(電腦機印)。雲南巍山

龍王。雲南騰沖

龍王(電腦機印)。雲南巍山

龍王娘娘。雲南大理

芭蕉龍(洱源下山口有廟供奉)。雲南大理

大黑龍王。雲南大理　　　　大黑龍王。雲南大理

龍。雲南大理　　　　　　龍神。雲南騰沖

龍神。雲南保山　　　龍神。雲南保山　　　龍神。雲南保山

龍神。雲南保山　　　　　龍王之神。清末，北京〔註25〕

白龍、蒼龍、財龍（龍君、地脈龍君）

　　白龍、蒼龍和財龍又稱「地脈龍君」，白龍管水，主清吉；蒼龍管山脈或糧倉，財龍管錢。只要家裏供著龍君，每逢初一十五，過年三十晚上，都要要在供奉龍君的案桌上，點香燈，燒紙燭，供三牲，備齋飯，獻茶酒，焚化龍君馬子。求風調雨順、家道清吉主祭白龍；求風水運順、糧食豐收要祭蒼龍；求財祭財龍。一般是三位一起祭獻燒紙，求得樣樣好。

白龍蒼龍財龍。雲南巍山　　白龍蒼龍財龍。雲南大理　　白龍蒼龍財龍。雲南巍山

四海龍王

　　生活在高原的雲南人沒見過海，所以把高原湖都稱為「海子」。此處的「四海龍王」和「西山總督龍王」紙符，主祀牌位實為「西山海口總督龍王」及下

〔註25〕引自蕭沉博客：《俗神》（圖為日本人 20 世紀初收藏）http://xiaochen.blshe.com/post/78/503808，2010,2,11。

轄青龍、黑龍、風伯、雨師、牛王、馬王、海底大爺二爺甚至飛虎、麻風之類
神靈。所謂「海口」，即昆明西山附近的滇池出水口。

四海龍王。雲南大理　　　　　　　　東海龍王。雲南大理

四海龍王。雲南昆明　　　四海龍王。雲南昆明　　　四海龍王。雲南昆明

西山總督龍王之神　　　　西山總督龍王宮。雲
位。雲南昆明　　　　　　南昆明

田野考察實錄：雲南大姚龍王會

農曆正月十三日是龍王的壽辰，也是雲南大姚縣石羊鎮龍王會的會期。石羊鎮以盛產井鹽著名，開採井鹽需要打井汲取鹵水，故需祭龍。乾隆《白鹽井志》載：「正月十三日，作龍王會，五井五廟輪當會首，廟內修齋，廟前演戲」〔註26〕。相傳，洞庭龍女到此牧羊，舐舌土，揮之不去，掘地獲鹵泉，朝廷便封龍女為郡主，石羊為將軍，立廟祀之。在掘鹵之處塑立「鹵水龍王」，於每年的農曆正月十三日舉辦龍王會，對郡主和將軍進行祭拜。

每年逢龍王會會期，由石羊鎮的觀、舊、喬、界、尾五個鹽井輪流辦會，邀請川滇各地的官商，邀請戲班搭臺唱戲，同時，跑馬燈晝夜連臺，活動長達半月之久。在正月十三之前，要是在觀音井值辦節日，就在該井的神臺前面搭戲臺，在十二號之前弄好，還有開茶館的、小吃的在這裡找塊地皮做生意，這一段時間的活動也是生意人賺錢的好機會，來自各鄉的人也都趕著熱鬧。每天三場戲，早戲從九點到十一點，下午從一點到五點多鐘，晚上從八點到十二點，戲場非常熱鬧。正月十二日晚上有個祝壽活動，五井的灶戶到總龍祠，吃晚飯以後就開始祝壽，三跪九拜後放土炮、行禮、念祝文，到了正月十三就出會。有專門的人一早起來就敲鑼，吆喊「龍王出會請各家趕緊打掃、分享」。同時，從南關到北關，每家每戶都會收拾乾淨屋子，在門口擺上燭臺祭品，等待龍王在當天的十二點左右出會。泥巴塑的龍王像，在正月十三之前都要全身貼上金箔，一年貼一次，年復一年下來，龍王身上的金箔越貼越厚，在陽光的照射下熠熠生輝。出會之時，用八人大轎抬龍王，一般由兩、三班人員輪換，抬的人都是齋客，形成一個專門的群體，群體之外的人群是不可能參與進來的。龍王從龍王廟裏抬出來，沿著香水河岸的大道行進。在轎子前有鳴鑼開到、肅靜迴避、提燈提爐，再後面是誦經的。遊行隊伍打頭的是身穿華服騎在馬上的童子，接著後面就是龍王的塑像，在龍王身後又有一群敲打樂器的也就是齋客。隊伍沿街分別經過五井，每個井都有龍祠，到一井的龍祠則把「龍王」置於神臺，稍事休息，約十多分鐘後再從神臺抬出遊行，再到下一個井的龍祠休息，再到下一個就不休息了，到了喬井，又到觀音井龍祠又擺下，休息個把鐘頭，燒香磕頭。要是觀音井置辦今年的龍王會，龍王視察完其他的四井後，到觀音井就不走了。觀音井要設臺唱戲，把龍王放在一個直對戲臺的祭臺上，這時唱戲開

〔註26〕乾隆《白鹽井志》卷一《風俗》，楊成彪主編：《楚雄彝族自治州舊方志全書·大姚卷》，雲南人民出版社 2005 年版，第 422 頁。

始，第一場是固定的《踩臺戲》，請神靈來保佑這個臺不出事，戲唱完也要踩臺。唱戲一般持續兩三天，最長的時候持續半個月之久。在這個節日中是以龍女牧羊傳說故事為基礎衍生來開的慶祝、紀念，同時也是一場物資的交流和文化的交流。從辦會的隆重程度，可以一窺當時石羊的經濟繁榮程度，那時石羊的經濟非常繁盛，能夠吸引區域的民眾、各地的商人參與到會期中。

　　龍王會前，會在該井的神臺前面搭好戲臺。節日當天，為龍王加貼一次金，由八人抬的轎子抬著龍王遊街。鑼鼓開道，其後有「肅靜」牌、「迴避」牌、旗鑼傘蓋。龍王神像一到每戶人家門前，便有這家人上前來焚香膜拜。龍王遊遍五井後便供奉在總龍祠的神龕上，所有灶戶依次為龍王行禮。遊街儀式結束後，是唱滇戲的環節，唱戲期間，人頭攢動，因又有在聽戲人群中做小買賣的人們，就更顯熱鬧了。龍王會同時也是當地商貿活動的最佳時機，龍王會前幾天所有的空地均被號好，擺小攤、擺茶鋪的較多。在龍王會還有賣從相隔近一百公里外的曇華山運來的雪，由彝族人用籃子將雪背來賣，用大片的葉子盛上雪，中間放上糖，就可以出售。

　　據當地人的回憶，龍王會的具體內容一是祭祀龍王，意為紀念龍女牧羊發現鹽鹵，當地得以開井煮鹽；二是耍龍燈、社火，祈求龍王多出鹵水，鹽豐財旺，風調雨順；三是跑馬，節日期間在民間挑選優良騾馬，裝配彩套在街區跑彩馬，意為促進地區發展騾馬飼養，推動當地的商品運輸；四是開展商品交易，節日期間四方商賈雲集，購銷兩旺，促進經濟發展；五是開展各種廟會活動，祈求土地爺及各路神仙保佑地方平安；六是組織開展各種文化體育活動，節日期間耍龍燈、辦社火、臺菩薩遊街、賽馬、賽秋韆、唱大戲、唱花燈，晝夜連臺，各種活動豐富多彩，預示地區繁榮。〔註27〕龍王會一直延續到1950年才停辦，1986年起又恢復，同時改名為開井節。白天耍龍舞獅，扮社火（古代人物）遊街；晚上唱滇戲、花燈，放電影、錄像、煙花，參加活動的人近萬人。張兆祥的《石羊古鎮開井節》用詩的形式描繪了開井節的節日盛況：「彝族舞蹈通宵跳，滇戲花燈更風光。集市貿易人潮湧，物資交流匯四方」〔註28〕。

　　鹽商會於每年農曆的二月初八舉行會期，鹽商會的慶祝群體是白鹽井的商販——代抄商，代抄商到鹽場公署買出鹽票，再賣給需要買鹽的商販，減少

〔註27〕蘇平：《恢復石羊開井節紀略》，中國人民政治協商會議大姚縣委員會編：《大姚文史》2010年第七輯，第81頁。
〔註28〕大姚縣石羊詩書畫協會：《石羊詩文書畫專輯》第十一輯，第30～31頁。

了前來買鹽的商販手續，代抄商便與官員有頻繁的聯繫。代抄商有十多家，在當地實行壟斷，代抄商一般還兼開馬店，這又方便了與鹽商的聯繫。由此說來，代抄商是聯繫鹽官和鹽商的中介。代抄商作為利益既得者，鹽商會所用資金便由代抄商籌備，代抄商也成為了鹽商會的主要參加者。代抄商供奉的神像為鹽商太子，時值鹽商會，代抄商會帶上鹽商太子進行遊街，會期一般為期一到三天。

白鹽井當地俗話有「捏水成團，火中求財」，這裡的「水」專指鹵水，意指從鹵水中來獲取食鹽，通過煮鹽來獲取生計和財富。在當地，鹽與火也就具有了必然的聯繫，食鹽的獲取必須通過柴薪的燃燒來形成轉化，由此，當地也就催生了對火的崇拜與信仰。當地建有火神廟（地址位於在今大姚二中內），供奉陰地公，建有戲臺，當地民眾會於正月初一等特定的時間來進香。每年亦舉辦火神會，火神會由灶戶主辦，由五井輪流做東。火神廟有戲臺，活動期間有唱戲，為期四五天。其他節日如土主會、財神會等，主要由灶戶、鹽商群體來操辦，也成了名副其實與鹽相關聯的節日。

龍王會一直延續到1950年才停辦。石羊古鎮的傳統節日在銷聲匿跡了近三十年之後復蘇。1986年龍王會復蘇，並更名為「開井節」。石羊鎮在1986年恢復第一屆開井節時，石羊鎮的各家各戶張燈結綵，門前街頭都是燈火，燈的種類有宮燈、寶蓮燈、青蛙燈、八角燈、走馬燈等；鎮上還舉辦了彩車遊行；有滇劇演出《龍女牧羊》、《唐僧取經》、《龍鳳呈祥》；高蹺《笑和尚戲柳翠》；及龍燈獅舞、滇戲擊樂、嗩吶曲牌，應有盡有。正會的晚上放煙火，當天晚上還有周邊的少數民族專程趕來慶賀，有彝族跳腳隊、嗩吶隊、蘆笙隊、花燈歌舞隊等的表演，電影錄像的播放也是通宵達旦。

自1986年以來，由龍王會更名而來的開井節在政府主導、民眾參與之下，一直延續至今。節日舉辦的時間仍然沿用了下來，即在每年的農曆正月十三。而節日的名稱已經從「龍王會」改名為「開井節」，這樣的命名方式似乎和「龍女牧羊的傳說」更為貼近了。節日當天，來自周邊鄉鎮、村落的民眾都聚集到石羊古鎮來參加盛會。與舊有的節日儀式相比，儀式的功能大大弱化，祭拜龍女的儀式活動簡單了很多。這天的主要活動主要是觀看文藝演出、打跳歡慶、品嘗石羊美食、進行商貿等，亦不失節日的氣氛。張兆祥的《石羊古鎮開井節》用詩的形式描繪了開井節的節日盛況，其中有「洞庭龍女來牧羊，鹵郡泉湧鹵汁香。物阜民豐賴鹽豐，新春佳節慶龍王。巨龍騰空

臨街舞，金獅歡躍喜氣洋。彝族舞蹈通宵跳，滇戲花燈更風光。集市貿易人潮湧，物資交流匯四方」〔註29〕。

　　龍王會的主要組織者是灶戶群體，同時由全民參與，以祝鹵水不竭，鹽業順暢之意。鹽商會的主要組織者與參加者是白鹽井鹽商。當地舉辦節日的各種開銷是一筆重要的開支，經費也有多重來源，一是來自於鹽業生產所得，鹽稅中包含的地方建設經費其中的重要方面就是用於舉辦節日的開銷。二是來自於民間籌款，尤其是當地的家族善將經濟資本轉換為社會資本的驅動下，紛紛以捐獻田租等方式，參與到節日的籌辦中來。〔註30〕

田野考察實錄：滇川瀘沽湖摩梭人轉湖會

位於川滇交界處的瀘沽湖是中國最美麗的湖泊之一，舊稱「魯枯湖」、「燕海」等，當地摩梭人和周邊老百姓，則習慣稱它為「母湖」、「落水海子」。鄧啟耀攝

　　瀘沽湖位於雲南永寧和四川左所交界處，湖水清澈見底，四周眾山環繞，當地摩梭人又稱它為「母湖」，相傳是人類死而再生的地方。

　　　　很久以前，這一片不是海子，是牧場。有個啞巴女人叫布魯誇誇（一說是達坡上一個叫開揚汪珠的人家的啞巴老五）幫人放牲口。她很窮，缺吃少穿的。一天，她放到永寧獅子山腳的岩子下一個叫「錫八誇」的地方（「錫八誇」，摩梭話，意為出水洞或海子發源地。在川滇交界處的大嘴村附近。一說在達珠上去的一個山洞裏），看

〔註29〕大姚縣石羊詩書畫協會：《石羊詩文書畫專輯》第十一輯，第30～31頁。
〔註30〕本田野筆記由中山大學社會學與人類學院博士生李陶紅撰寫。

見大岩縫裏卡著一條大魚。她餓了，就割了一塊魚背上的肉烤來吃，吃了依舊去放牲口。過了一會再轉過來，見魚背上肉已經長好。她很高興，以後就帶了個羅鍋，天天到這兒割一塊肉吃，吃得紅紅胖胖。旁人見她的羅鍋很油，心裏奇怪：這個老媽媽有點怪，她那麼窮，天天帶羅鍋煮什麼？悄悄地跟了去，發現了秘密。他們貪心，不像啞女人一樣只割一塊肉，而是想把魚整個拉出來。幾個人拉，拉不動。第二天約全村人去拉，也拉不出。他們找來 9 架 18 條牛〔註31〕，套上牛皮索子拉。轟的一聲，魚拖出來了，魚堵住的水也湧了出來。淹去了 9 個大村子。直淹到東邊，有個埂子擋住了水，水才止住，在那裏浸成草海。九個村子的人都死完了，只有一個喂豬的老媽媽跳進豬槽裏才逃了生。所以現在瀘沽湖裏的船都叫豬槽船，那個拌豬食的橈片，也就成了槳。

　　　　　　　　講述人：中村二大隊「達巴」瓦布高若，摩梭人，約 60 歲；

　　　　　　　　　　　　　　　　「達巴」翁爭，摩梭人，49 歲；

　　　　　　　　　　　　　　　　　　　　　　　翻譯：農布；

　　　　　　　　　　　　　　　　1980 年 1 月記錄於瀘沽湖

　　這位坐進豬槽才得以幸存的女人，便是世上唯一的「人種」，摩梭人的女始祖。為了紀念這位女始祖，紀念人類得以靠舟船再生。每年，沿湖各村寨都要定期一、二次舉行「恨括」（轉海）活動。屆時，女人們跨上槽式獨木舟（當地人稱「豬槽船」），泛舟遊湖。古老的漁歌，唱出了有關「母海」、有關女始祖以及那條改變了人們處境的大魚的故事……

　　瀘沽湖邊的摩梭人對水神有較複雜的態度，一方面敬之，另一方面又畏之。他們認為像井泉、湖泊、江河裏都有一些容易作祟人們的神靈，所以多以叼蛇（水的象徵）的金鵬克之，凡有水的地方，多用繪有叼蛇鵬鳥的畫牌除穢。

　　轉海節原為祭水神的宗教節，現在已演變為民俗節。節日的主要形式為以村或家庭為單位，繞湖行走一圈，邊走邊祭湖水和湖畔礁石。或往湖裏投熟食果品，獻給湖神享用求賜人畜平安；或在礁石上焚香、供面偶、貼咒符，鎮壓湖神不要興風作浪，作祟人畜。〔註32〕

〔註31〕摩梭人耕地為耦耕式，俗稱「二牛抬槓」，兩條牛為一架，一人牽牛，一人扶犁。

〔註32〕本田野筆記節選自編著者著：《瀘沽湖紀事》，中國旅遊出版社 2006 年版，第 53～54 頁。

田野考察實錄：廣東東莞「水仙誕」

　　水龍王，當地人也稱為「水仙」，即水裏的神仙，神婆多認為水龍王是管理水鬼的神，而普通村民則多認為他是水鬼之王，本質也是水鬼。在拜祭水龍王的時候，村民會親切地稱其為「水龍王爺爺」和「水龍王奶奶」。這有點像土地信仰的稱呼方式，雖然在土地廟裏只放著男性形象的土地神像，但村民拜祭的時候都會喊「土地公公」和「土地婆婆」。關於水龍王與水鬼的關係，村民陳婆婆是如此解釋的：「其實水龍王也是水鬼，他是比較大的（即等級最高的）水鬼，可以統領水裏的所有鬼怪。」另一位中藥店周伯伯則說：「水龍王掌握著水界，是水鬼的領導，他會指揮水鬼把船打沉。如果水鬼不服從命令，無端無故去殺人，或者水鬼行插踏錯，都要由水龍王處置。若認為那個人陽壽已盡，他就會派水鬼去取人性命。」周伯伯還補充說，「只有閻王才能批生死和判時辰，如果閻王判你三更死，你是不可能拖到五更的。他會派鬼差用鎖鏈把快要死的人拉到陰間。水龍王不能判人生死，所以閻王會告訴他。」

　　東莞水鄉地區的村子普遍都有水龍王信仰，每年二月初七為水龍王誕，亦叫水仙誕。最具特色的是村民要用麵粉製作一些鴨子來拜祭水龍王以及水鬼。以下是關於水龍王與水鬼的一段訪談，村民陳婆婆簡單地為筆者講述了水仙誕的過程：

　　　　陳：水鬼是落水而死的冤魂所變成的，他要找人當替身才能投胎，要不就要一直呆在水裏。舊社會的人相當迷信，認為落水死的人是被水鬼拉去作替身了，所以非常害怕水鬼。漳澎這裡農曆二月初七有一個水仙誕，就是弄些鴨子來拜祭他們的。

　　　　問：是給他們吃的意思嗎？

　　　　答：是的。用麵粉做好鴨子，做七隻，其中一隻作為首領放在最前面，後面六隻鴨子分兩列排好，領頭鴨子的前面還放上一朵紙製的蓮花和插上三支香，然後把這些東西放在用稻草繫好的小船上，現在有些人會用泡沫代替。這些「鴨子船」就順著水流飄走。其實，這些都是送給水鬼和水龍王的，讓他們吃飽、收好禮物，就不要來「搞人」（危害水上人的性命）了。你要知道，小孩子很容易淹死的嘛，所以就要收買水龍王和水鬼，讓他們放過小孩子。

　　　　問：只是保佑小孩子嗎？大人不需要嗎？

答：不是的，大人行船也很危險，以前漳澎這裡很多人溺水而死，這樣做也會保佑大人的。

問：拜祭他們的時候要念些什麼嗎？

答：要的。你要念：「水龍王爺爺，水龍王奶奶，這些鴨子就送給你們了，你們要保佑人仔（生人）平平安安，順風順水；水龍王爺爺，水龍王奶奶，請你們打開水門水閘，保佑細船大船都順利通過，保佑行車行船都出入平安……」諸如此之類的。

在水仙誕拜祭水龍王，需要準備果品、糕點和米飯，以及龍王衣和金銀紙。帶著這些祭品到自己家庭所屬的埠頭祭拜即可，儀式完成後要點燃爆竹示意。至於為什麼是送鴨子，村民表示不太清楚，一個猜測是鴨子容易養，又熟水性，且廣泛分佈在水鄉地區。不過實際上，這些糯米鴨子並不能流入水龍王爺爺和水龍王奶奶的「口中」。「因為一般上游放的鴨子船，下游就會有些窮人把這些鴨子撈起來吃了，他們才像水鬼啊。」陳婆婆打趣道。〔註33〕

七、山林草木

為了保護山林，古代有封山「禁白」（因砍伐露出白色的斷木）的傳統；少數民族至今仍有奉祀神山神林的習俗。民間賦予樹木以生命和靈魂，被視為神木的山林，即使是政治浩劫時期，也少有敢於在這些地方亂砍亂伐的。民間信仰堅信，如果動了神山的一草一木，必將遭致災禍。這些紙符描繪的樹木之神，多披盔戴甲，手執利器。人即使在可用之林砍伐，若要免刀斧之傷，也得祭祀樹神。

樹木之神

蓋房、挑梁用。去山裏砍木料要祭獻，砍伐帶了傷，也要祭獻。砍伐樹木前，備三張黃錢、三炷香，一些酒肉飯菜到村外，面向山林祭獻，燒這個馬子。請先生先瞧應該貼在哪個方向，將此馬子貼在木米升斗上，用三對紙盒，獻三牲，鹽茶飯水，宰雞，起篩盤。砍第一棵樹的時候，不能把樹梢弄斷，否則這家人會有不吉利的事發生。〔註34〕豎房時送出，撕下燒掉。樹神、樹木之神和

〔註33〕本田野考察實錄由項目組成員、中山大學人類學系碩士研究生區海泳調查撰寫（2014）。

〔註34〕高金龍編著：《雲南紙馬》，黑龍江美術出版社1999年版，第37頁。

木神經常同用；由於樹木之神和雨水有關係，民間祈雨時，常常和水神、龍王等馬子一起使用。如果是謝山神，就在臘月初二或大年初二去。

樹木之神。雲南巍山　　　樹木之神。雲南巍山　　　樹木之神。雲南巍山

樹木之神。雲南大理　　　樹木之神。雲南巍山　　　樹木之神。雲南巍山

樹木之神。雲南大理

樹神

各民族都有樹神或神樹崇拜，有的和祖先崇拜有關係，比如苗族崇拜楓樹，彝族崇拜栗樹；有的視為村社保護神，如傣族、壯族和廣東漢族的榕樹。

這些紙馬上的樹神，手持斧子，似與砍伐民用有關。伐木比較危險，需要祭祀樹神。

樹神。雲南保山　　　　　樹神。雲南保山　　　　　樹神。雲南德宏

山林草木之神

山林草木之神。雲南大理

感應樹王

感應樹王。雲南昆明

樹王將軍

樹王將軍持劍騎虎，當為野山林之神。

樹王將軍。雲南大理

樟樹

樟樹。地點未詳

園林樹神

園林樹神。清末，北京〔註35〕

〔註35〕本圖引自蕭沉博客：《俗神》（圖為日本人20世紀初收藏）http://xiaochen.blshe.
　　　com/post/78/503808，2010,2,11。

護林白虎

護林白虎。雲南大理

第九章　關　煞

　　民間信仰認為，人從小到大必經許多關煞，而具有不同生辰八字的人可能遭遇的關煞又有所不同。或命相與星相衝犯，或運程不順；或遭天災，飢寒交加；或遇人禍，披枷帶鎖；或是看破紅塵出家當了和尚，不能延續香火；或是家事不和，弄得雞飛狗跳；或是體弱多病，疑遇不好的「關口」，都需要做「順星過關」儀式，以過此關厄。

　　即使離開了這個世界，在前往不可知彼世的漫長旅途中，亡靈也還有許多關煞要過。這就需要請道士或巫師在葬禮上念誦「指路經」，展示「魂路圖」，指導亡靈順利過關，不要迷路；如果請的是和尚做超度儀式，也要念誦「往生神咒」，恭請接引菩薩帶領亡魂通關引渡。

　　人一生需要過的關很多。首先，能否順利誕生，在醫療條件很差的地方，就是一個關口。這個關口不僅涉及嬰兒，連孕婦也牽連其中。遇到難產，過去常常就是一屍兩命。其次，即使誕生出世，由於娃娃小，命相弱，最容易招惹邪靈。為了順利活下來，也需要過若干「延生」的關。

過關大神

　　神事其實就是人事。人生一路，關口實在太多。能否都過得去，以頤天年，對誰都是個問題。這甚至不是有權有錢可以搞定的，所以想借助神力。於是，便有了專職的「過關大神」。

過關大神。雲南巍山

通關出煞符

如同人世間凡事需要「疏通」一樣，人們想像靈界關煞也需要「疏通」。而通或不通，基本都掌握在有權簽發相關證件的部門。「通關出煞符」由此而生。

通關出煞符。雲南昆明

一、流產和難產

生子是中國人能夠傳宗接代、延續「香火」的最大祝願，但醫療不發達的過去，流產使嬰兒無法過「關」，難產更是孕婦和嬰兒最難過的關煞。

為了幫助人們闖過這人生第一關，無論是民間信仰、道教、佛教還是其他宗教，都有一些通過密咒、符籙等方式幫助人們闖關度厄的做法。

血神紙

過去醫療條件差，老百姓生娃娃大多在家裏，請接生婆接生。如果懷孕時出現流產，娃娃掉了；或是分娩時難產，產婦死亡，都會被認為是撞到了血腥亡魂。就要燒血神紙退送。為了預防這樣的事再度發生，還要在「火把節」時把整套紙馬紮在火把上，拿出去燒了，保一年平安。

血腥亡魂

孕婦生產，最怕大流血，要祭獻血神，求其保佑。如果生孩子、坐月子死了，民間認為是衝撞了種種血腥亡魂，有血光之災，就要祭祀「五鬼血光」「血腥亡魂」「血湖主君」或「血神之神」。甚至打架鬧事鬧到家裏，流血見紅了，也要送這張紙。

血腥亡魂。雲南巍山　　　　　　血腥亡魂。雲南巍山

血腥

血腥。雲南建水　　　　　　血心（腥）。雲南玉溪〔註1〕

〔註1〕兩圖圖採自趙寅松、楊郁生主編：《中國木版年畫集成‧雲南甲馬卷》（集成總主編馮驥才），中華書局2007年版，第209頁。

血光

血光。雲南巍山〔註2〕　　　　　　血腥血光。雲南巍山

血神

血神。雲南施甸〔註3〕

血神之神

　　孕產前祭祀，防止孕產時流血過多。民間認為孕產時流血不止是得罪了
「血神」，要請巫師向血神請罪。

〔註2〕本圖採自趙寅松、楊郁生主編：《中國木版年畫集成・雲南甲馬卷》（集成總主
　　　　編馮驥才），中華書局2007年版，第209頁。
〔註3〕本圖採自趙寅松、楊郁生主編：《中國木版年畫集成・雲南甲馬卷》（集成總主
　　　　編馮驥才），中華書局2007年版，第209頁。

血神之神。雲南大理　　　　血神之神。雲南大理　　　　血神之神。雲南洱源
〔註4〕

血湖主者

血湖主者。雲南昆明　　　　血湖主者。雲南大理　　　　血湖主者。雲南大理

血湖主者。雲南洱源〔註5〕

〔註4〕本圖採自趙寅松、楊郁生主編：《中國木版年畫集成・雲南甲馬卷》（集成總主
　　　編馮驥才），中華書局 2007 年版，第 208 頁。
〔註5〕本圖採自趙寅松、楊郁生主編：《中國木版年畫集成・雲南甲馬卷》（集成總主
　　　編馮驥才），中華書局 2007 年版，第 206 頁。

二、命關

命關主要指命定要遇到的關煞。因為即使長大成人，但由於命中注定或不慎衝撞了什麼邪靈等原因，也可能遇到諸多困厄。與「命」有直接關係的是「犯太歲」，即生命時間與超自然時間發生矛盾，遇到「剋星」或「煞星」。這就要做「順星」儀式過關。

另外，「命符」馬子也可以用於黑巫術，報復仇家，使其遭受各種不祥的「命關」。用於報復仇家的法事，則需配合另外的秘密咒語。

化凶符

小兒夜哭多病，將其符置於小兒背，點七芯燈三夜。

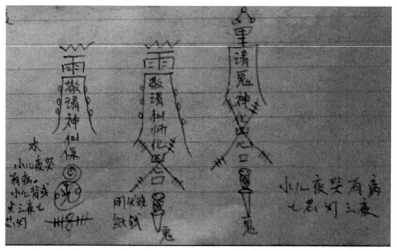

道人手繪為小兒夜哭多病的化凶符。雲南昆明至果道人提供

過關紙套符

過關馬子各地都有，但巍山地區比較集中。按照民間俗信的說法，人從小到大必經許多關煞，而具有不同生辰八字的人可能遭遇的關煞又有所不同。特別是娃娃小，命相弱，最容易招惹邪靈；即使長大成人，由於命中注定或不慎衝撞了什麼邪靈等原因，體弱多病，懷疑遇到不好的「關口」，就需要過關。

過關紙又叫「命符」或「關煞」馬子，主要給娃娃用。「娃娃不好領，病多，夜裏驚詫詫的哭，就要過關了。我孫子過了三次。在家裏做過（過關），到寺裏也做過。」〔註6〕當然，也有用它做害人的事，比如給別人暗設關口之

〔註6〕訪談人：雲南巍山彝族回族自治縣古城文華北街81號紙火店蘇寶鎮、劉存惠，訪談時間：2009年8月3日。

類。用於報復仇家的法事，則需配合另外的秘密咒語。

　　孩子過關，儀式在橋上或家裏舉行。打一盆水，燒一盆栗炭火，拿一個取掉底的木甑子，把 24 張或 36 張過關馬子貼在甑子上，掛起或放在地上。同時，還要給每張過關馬子配一對錁子、一份黃錢、三炷香，用公雞冠子最旺的那個中冠，掐破點血。儀式開始時，先生敲木魚念經，拿一隻紅公雞在前面引，兩個大人一人站一邊，把孩子從甑子裏鑽遞過去，一邊鑽遞，先生一邊念：「某某關、某某關，過了沒有？」大家齊聲應答：「過了！」過一個關，燒一張馬子，連同文書、過關牒、香和紙錢，一起到大門外燒化。過一次，先生收七八百元。成人 59 歲以前都可以過，滿 60 歲，大局已定，可以不過了。

　　在民間俗信中，孩子能夠長大成人，除了要過這些可知的關口，還有許多不可預知的危險。所以，在舉行其他法事的時候，也會捎帶祭獻一些孩子的保護神，或驅趕一些可能對孩子造成危害的邪靈。在巍山流行的雕版木刻紙印符像馬子中，有不少容易對兒童產生影響的神靈，比如子孫娘娘、後宮娘娘、飛龍等。這些神靈淵源久遠，來路複雜（詳見第十章「禳祓」中「巫蠱」部分）。

置於神壇前的「順星過關」紙馬。雲南巍山彝族回族自治縣，2016，鄭巍巍攝

置於神壇側面的「順星過關」紙馬。雲南巍山彝族回族自治縣，2016，鄭巍巍攝

　　「過關紙」符像的配置為 24～36 張。24 關配置為：水關、火關、湯火關、浴盆關、夜哭關、和尚關、閻王關、鬼門關、將軍箭、百日關、千日關、三六九歲關、四季關、四柱關、天弔關、落井關、斷橋關、急腳關、短命關、白虎關、天狗關、鐵蛇關、雷公打腦關、五鬼眾關。36 關配置還加上天關、地關、十日關、金鎖關、鐵鎖關、雞飛關、邁邊關、深水關、水火關、劫難關、直難關、無情關等。雲南巍山製作紙馬的蘇姓藝人告訴我，最多的過關馬子，有差不多 90 種，說明人一生可能遇到的各種危險關口多不勝數。

　　十日關

　　舊時醫療條件差，初生嬰兒最易夭折。十日之內，母嬰都會有很多問題，能否挺過來，頗為關鍵，故十日關為首關。

十日關。雲南巍山　　　　　　　　十日關。雲南巍山

百日關

小孩子出生，百日、千日都是「坎」，能不能過得去，十分要緊。所以要幫助孩子過這個關。按生辰八字推算，凡正月寅巳時生的人容易犯此關煞，百日內忌出入門前。

百日關。雲南巍山　　　　百日關。雲南巍山　　　　百日關。雲南巍山

千日關

在大理地區，有的民族（如白族）把早夭的孩子稱為「偷生鬼」，認為他們是借孩兒身體「偷生」的鬼，出生來人間騙吃騙喝，撈一把就走人。千日是一個「坎」，為了不讓孩兒魂偷偷跑掉，就得闖過這一關。按生辰八字推算，凡午年寅巳亥時生的人容易犯此關煞，忌三歲上高落低之患。

千日關。雲南巍山　　　　千日關。雲南巍山　　　　千日關。雲南巍山

三六九歲關

即使闖過百日關千日關，事情還沒有完。俗有「男怕三六九，女怕二四七」之說，認為人年歲中遇到這樣的數字，最易出事。所以，凡到帶有這些數字的年齡，就要做些法事或有所提防，以求順利過關。

三六九歲關。雲南巍山　　三六九歲關。雲南巍山　　三六九歲關。雲南巍山

四季關

除了百日、千日、三六九這樣的時間要特別注意，平時也不可掉以輕心。所以要過「四季關」，求得一年之中萬無一失，四季平安。又說，按生辰八字推算，凡正、二、三月壬辰時生的人容易犯此關煞，忌一歲出入凶喜事。

四季關。雲南巍山　四季關。雲南巍山　四季關。雲南巍山　四季關。雲南巍山

火關

常言道「水火無情」，而水火又是人們生活中最經常接觸的東西。為了避免小孩被火燒傷，或是日後遭遇火災，則需過此關。如按生辰八字推算，凡正、二、三月未戌時生的人容易犯此關煞，主膿血瘡疾太多及小心火災。

火關。雲南巍山　　　火關。雲南巍山　　　火關。雲南巍山

水關

「水官」、「水宮」均為「水關」之誤。農村溝渠縱橫，小孩最易落水；如按生辰八字推算，凡正、二、三月未戌時生的人容易犯此關煞，主膿血瘡疾太多及小心水災。為防淹死或患病流淌膿血之水，必須先過此關。

水官（關）。雲南巍山　　　　　水宮（關）。雲南巍山　　　　　水關。雲南巍山

湯火關

雲南民間過去習慣用一種叫「風爐」的火爐，體量不大，可以移動，冬天常移進堂屋和臥室取暖，燒水煮飯煨湯都很方便。但因為它較低矮，小孩子不慎碰撞，極易燙傷。如按生辰八字推算，凡子午卯酉年午時生的人容易犯此關煞，忌癡癲之患。過湯火關，祈其無事。

湯火關。雲南巍山　　　　　湯火關。雲南巍山　　　　　湯火關。雲南巍山

浴盆關

孩子洗澡，容易被水嗆，經卜算認為可能出危險，或按生辰八字推算，凡正月申時生的人容易犯此關煞，需過此關。

浴盆關。雲南巍山　　　浴盆關。雲南巍山　　　浴盆關。雲南巍山

落井關

　　過去農村多用井水，孩子如不慎落井，是一個十分危險的事。如按生辰八字推算，凡午巳卯申戌時生的人容易犯此關煞，忌見井泉池塘湧溪。水井深入地下，陰氣重，難免有邪靈誘人落井，這就要焚此馬子，預防在先。

落井關。雲南巍山　　　落井關。雲南巍山　　　落井關。雲南巍山

天弔關

　　小孩出生或成人碰到弔死鬼，就可能受其誘惑尋短見上弔。如按生辰八字推算，凡寅午戌年辰時生的人容易犯此關煞，主煩惱不寧眼睛直望。需過此關，以避不測之禍。

天弔關。雲南巍山　　　天弔關。雲南巍山　　　天弔關。雲南巍山

急腳關

　　小孩子走路跌跌撞撞，苦命人走路急急忙忙，可能摔傷甚至跌死。如按生辰八字推算，凡正、二、三月子亥時生的人容易犯此關煞，忌驚駭跌撞之患。過此關，以求行走穩健。

急腳關。雲南巍山　　　急腳關。雲南巍山　　　急腳關。雲南巍山　　　跌倒大神。雲南巍山

鐵蛇關

　　蛇無論在現實生活中還是在信仰世界裏，都是一個詭異的東西。民間傳說，銅狗鐵蛇，把守著地獄門口。過鐵蛇關的目的即是為了不被蛇咬，免遭陰邪之物糾纏。如按生辰八字推算，凡金木水火土生的人容易犯此關煞，忌癩痘之患。

鐵蛇關。雲南巍山　　　　鐵蛇關。雲南巍山　　　　鐵蛇關。雲南巍山

天狗關

　　嬰兒滿月，或成人經卜算，認為前世犯了天狗，或按生辰八字推算，凡八字五行全者犯此關煞，月內怕聞狗吠聲。需過此關，以免日後被狗咬。和鐵蛇一樣，銅體天狗也是地獄之門的守護者。

天狗關。雲南巍山　　　天狗關。雲南巍山　　　天狗關。雲南巍山

白虎關

俗話說：「白虎當頭坐，無災也有禍」。如被算命算到某人「命中帶白虎」，大不吉；家有白虎，不會清吉。如按生辰八字推算，凡金木水火土生的人容易犯此關煞，多主血光災厄。需過此關，以避災禍。

白虎關。雲南巍山　　　白虎關。雲南巍山　　　白虎關。雲南巍山

雷公打腦關

在傳統觀念中，人被雷擊，往往不會從自然方面找原因，而是懷疑被雷擊者是否有問題，如其人缺德、不孝、為惡或命有災異等。如按生辰八字推算，凡寅午申酉辰亥時生的人容易犯此關煞，忌驚聞鑼鼓、雷電和大聲號叫。早過此關，可以避禍。

雷公打腦關。雲南巍山　　雷公打腦關。雲南巍山　　雷公關。雲南巍山

夜哭關／夜哭符

　　小兒經常夜哭，俗稱「夜哭郎」，民間認為是衝撞了「不乾淨」的東西。如按生辰八字推算，凡子午丑未時生的人容易犯此關煞，主夜間啾唧不寧。常見的是在門口貼一張紙，上寫：「天黃地祿，小兒夜哭。君子念過，睡到日出。」借用文字和路人口訣之力禳解。請道人神婆為孩子過夜哭關，也是辦法。

夜哭關。雲南巍山　　　　夜哭關。雲南巍山　　　　夜哭關。雲南巍山

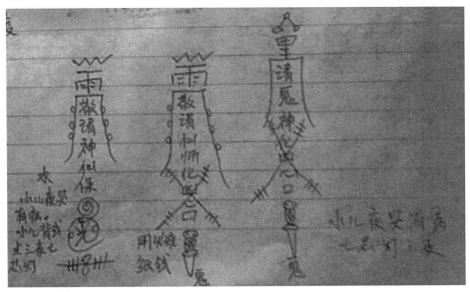

「小兒夜哭有病，（在）小兒背或（？）點三夜七芯燈」。雲南昆明至果道人提供

將軍箭

　　俗話說：「男怕將軍箭，女怕四柱關」。小男孩生下來撒第一泡尿時，要請先生看是不是「將軍箭」。如是，則表示孩子命中帶箭，不吉。〔註7〕按生辰八字推算，凡辰酉戌年未時生的人容易犯此關煞，忌見弓箭，二歲亦忌流年中箭。

〔註7〕高金龍編著：《雲南紙馬》，黑龍江美術出版社1999年版，第60頁。

　　如果是命中帶箭，就要請石匠刻一塊指路碑，碑腳壓幾角錢，碑上掛一道紅，娃娃也掛一道紅。指路碑放在十字路口，東西南北交匯處。燒將軍箭紙馬，用桃弓柳箭四方射。解解，保住他命。不然不死也要腳痹眼瞎。

將軍箭。雲南巍山　　　　將軍箭。雲南巍山　　　　將軍箭。雲南巍山

四柱關

　　所謂「女怕四柱關」，指女孩被算命的看出其命被捆綁在四棵柱子上，不容易長大，長大了也嫁不出去。〔註8〕須過此關，以解其困厄。又有說，所謂「四柱」，就是人的生辰八字——年、月、日、時辰，四者組成其命。由於代表人的生辰八字，所以無論啟用那種「命符」，都要配一張「四柱關」馬子。〔註9〕此說源於五代時道教的「四柱算命術」，即以人誕生的年、月、日、時的天干地支為命的依據，又以各挂干支所屬的陰陽、五行來觀察命的走勢，以其平衡與否測定人的吉凶禍福，採取相應的補救措施。〔註10〕

四柱關。雲南巍山　　　　四柱關。雲南巍山　　　　四柱關。雲南巍山

〔註8〕高金龍編著：《雲南紙馬》，黑龍江美術出版社1999年版，第60頁。
〔註9〕楊郁生：《雲南甲馬》，雲南人民出版社2002年版，第104頁。
〔註10〕胡孚琛：《道教與仙學》，新華出版社1991年版，第76頁。

短命關

民間如遇缺德幹壞事之人，多罵「哪家短命鬼使的關」；小孩子搗蛋，也常會被罵「小短命的」。孩子難免頑皮，如被如此咒了，不吉。又說，按生辰八字推算，凡子辰年巳時生的人容易犯此關煞，主忌驚怖夜啼之患。為消此厄，需過此關。

短命關。雲南巍山　　　短命關。雲南巍山　　　短命關。雲南巍山

閻王關

孩子未成年之前，尚處於人鬼之間，命魂不穩，隨時都可能被閻王招回。為斷其回路，需闖過閻王關。按生辰八字推算，凡七、八、九、十二月子午寅卯時生的人容易犯此關煞，但命中帶天德月德的可解。

閻王關。雲南巍山　　　閻王關。雲南巍山　　　閻王關。雲南巍山

鬼門關

俗話說：「小鬼難纏，鬼門關難過」。按生辰八字推算，凡甲子丙子戊子生的人容易犯此關煞，忌夜裏出到門外。特別是小孩子命魂柔弱，最容易被鬼纏，所以要幫他過鬼門關，擺脫鬼邪的糾纏。

鬼門關。雲南巍山　　鬼門關。雲南巍山　　鬼門關。雲南巍山　　鬼門關。雲南巍山

和尚關

父母養兒一場，都希望孩子順利成家立業，生兒育女。所以，孩子被閻王招回小鬼勾去固然倒楣，被和尚看上跟著出了家，也不是什麼好事。過了這一關，回到俗人的生活就好。按生辰八字推算，凡子午寅酉年申戌丑未時生的人容易犯此關煞，忌入庵寺見僧尼。

和尚關。雲南巍山　　和尚關。雲南巍山　　和尚關。雲南巍山　　和尚關。雲南巍山

斷橋關

荒郊野外、崖邊斷橋，在民間信仰中歷來被認為是鬼魅出入的危險之地，所以需要過這個關。另外，按生辰八字推算，凡正、二月寅卯時生的人容易犯此關煞，忌過橋汲水照影。如果娃娃時辰不清，路不明，就要請先生看卦，查八字，看他出世時帶什麼關煞。先生定好時辰，幫他合。如果帶斷橋關，就要搭橋。

斷橋關。雲南巍山　　　　斷橋關。雲南巍山　　　　斷橋關。雲南巍山

五鬼關

「五鬼」是民間符像馬子經常出現的角色，一般指東西南北中五方鬼邪，泛指其眾，如五鬼、五瘟、五路刀兵等，這個「五鬼關」後加了個「眾」字，或應為「五鬼眾關」，即有此意。按生辰八字推算，凡壬子庚子丙子戊寅年寅時生的人容易犯此關煞，忌入庵堂寺觀。

五鬼眾關。雲南巍山　　五鬼眾關。雲南巍山　　五鬼眾關。雲南巍山　　五鬼眾關。雲南巍山

金鎖關

先生算出命犯官司，有枷鎖之禍，如按生辰八字推算，凡正、二月申卯時生的人容易犯此關煞，忌戴金銀器物，並需舉行儀式過此關。但雲南騰沖的紙火鋪先生又說，如果先生算出命有此厄，則可打一把小鎖給孩子鎖上，以此鎖（佩飾）偷換未來之鎖（枷鎖）。

金鎖關。雲南巍山　　　　金鎖關。雲南巍山　　　　金鎖關。雲南巍山

鐵鎖關

與金鎖關相似，意在解厄紓困。

鐵鎖關。雲南保山

天關

武將手拿令旗，仗劍把關，腳下有雲，表示天上。

天關。雲南巍山　　　　　天關。雲南巍山　　　　　天關。雲南巍山

地關

文官執笏把關，背景是山丘樹木，表示地上。

地關。雲南巍山　　　　　地關。雲南巍山　　　　　地關。雲南巍山

水火關

有人持刀威脅，而孩子正處於水火（水深火熱）之中。

水火關。雲南巍山　　　　水火關。雲南巍山　　　　水火關。雲南巍山

深水關

避免孩子失足落水或有人推下水。

深水關。雲南巍山　　　　深水關。雲南巍山

劫難關

畫面直觀為有戴帽穿袍者持刀和瓶（？）對著兩個孩子，名之「劫難」，可能與避免遭劫之難吧。

劫難關。雲南巍山　　　　劫難關。雲南巍山　　　　劫難關。雲南巍山

直難關

畫面直觀為娃娃身後有戴帽穿袍者持葉狀物跟隨，名之「直難」應該不是什麼好人。

直難關。雲南巍山　　　直難關。雲南巍山　　　直難關。雲南巍山

邋遢關

雲南話裏的「邋遢」，除了指外表的骯髒，還指邪穢之事。如果一個神婆，說你家的娃娃「有邋遢」「不乾淨」了，意思就是衝撞到邪靈了，要給他「退掃」一下。

邋遢關。雲南巍山　　　邋遢關。雲南巍山　　　邋遢關。雲南巍山

雞飛關

遇到雞飛狗跳的麻煩事，要過此關。

雞飛關。雲南巍山　　　雞飛關。雲南巍山

無情關

保佑孩子不要遇到後爹後媽無情無義的對待。

　　無情關。雲南巍山　　　　　無情關。雲南巍山　　　　　無情關。雲南巍山

田野考察實錄：雲南巍山「過關」儀式

　　筆者在雲南省巍山彝族回族自治縣巍寶山洗澡堂村做葬禮儀式的時候，洞經先生告訴我：如果娃娃生下有邋遢，就要過那個門（關口）。他還告訴我，到二月初七，他們要去巍寶山西河橋那裏的三官殿，為一戶人家的小娃娃過關。

　　我問：「娃娃病了你們要過關嗎？」

　　洞經先生回答：「我們的娃娃是去拜滿月頭。一個月滿了去磕太平頭。如果病多，愛哭鬧，有邋遢了，就要過關。」

　　他還告訴我：「娃娃一生人會遇到的關口很多，舊社會條件差，生十個娃娃能夠活下來幾個不容易，掉水裏了，被火燒了，被拐賣了，即使長大，犯官司，遇匪盜，多災多難，都要先給他做（法事）了。比如算出來娃娃命中帶箭，犯了『將軍箭』之煞，就要請石匠刻一塊指路碑，放在十字路口，燒將軍箭紙馬，用桃弓柳箭東西南北四方射，以此解煞。」

　　由於我們考察組的日程與他們做過關儀式的時間有衝突，我就請縣裏的朋友去幫全程錄像。

　　筆者離開巍山後，在雲南保山郊外山上一個十字路口，正好見到洞經先生說的那種指路碑。碑上額刻「指路碑」三字，中間刻「東至遮島上騰沖，南至麻栗坡上安樂，西至猛宋下盈江，北至二古城進猛萊。」兩邊刻「弓開弦斷，箭來碑擋；長命富貴，易養成人。」落款「公元二〇〇一年四月初六陳登移立」。

筆者正在對照山路上的指路碑和過關紙馬。雲南保　土府。雲南大理
山，2001，鄧圓也攝

第十章 禳 祛

人生在世，沒有不遇到麻煩的。病痛、厄運、意外事故乃至生活不太順心等問題，幾乎伴隨人的一生。所以，禳祛儀式，也是民間信仰和民俗生活中最為常見的儀式。人們早已熟悉道人和民間仙師仗劍驅魔、當空畫符的身姿，菩薩高僧降魔伏妖、救人危難的故事，也成為人們津津樂道的話題。

斬妖伏魔符

斬妖伏魔，是傳統道士的刻板印象，也是他們的基本工作。筆者在雲南昆明「玄機閣」至果道人的筆記本裏，看到不少這類符咒。他在符邊記錄了這些符的功能和用法。比如道光符：「把此符一燒，魔即走去，離開自己；帶於身邊，如將此符舉一舉，魔跑都不及」；雷火降魔符：「此符供神位上」；斬妖伏魔符：「黏（專）門斬妖邪」。

斬妖伏魔符。雲南昆明至果道人提供

—613—

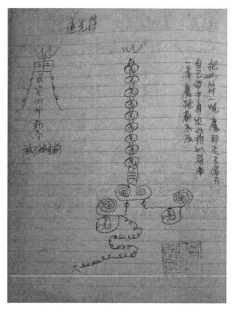 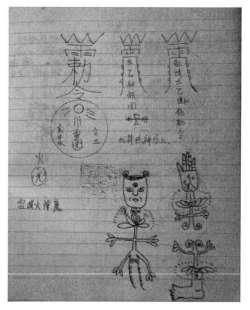

道光符。雲南昆明至果道人提供　　　雷火降魔符。雲南昆明至果道人提供

　　在中國民間，這類充滿視覺象徵物的不定期儀式，有轉化為定期節祭的趨向。如古代儺祭，主要是頭戴假面具挨戶逐邪或在季節年關交替時化裝舞蹈，以驅逐陳穢邪氣。西部不少民族都有這類充滿巫術氣氛的節日儀式活動，儘管這類活動不一定以「儺」名之。如雲南馬關縣的「清醮會」，鶴慶彝族白依人的「蘇比阿里魯」活動，文山壯族春節期間的「儂伢歪」活動等，都有化裝（身披蓑衣、腳裹棕匹、臉抹鍋煙）或戴面具（牛魔面具）舞蹈的內容。幻面者或在寨中聚舞，或挨家挨戶亂竄，目的都是一個：驅鬼壓穢，求吉祈安。

　　隨著時間的推移，儺祭或醮會漸漸轉化為儺儀或一般民俗活動，幻面舞蹈也變成了狂歡化裝舞會，其中一些，則演變為民間戲劇，如地戲、關索戲、端公戲、梓撞戲等。儺祭或醮會的傳統文化功能，也在不知不覺中產生了位移，從巫術、宗教趨向審美。

虛空過往之神

　　「天空過往之神」或「虛空過往之神」，其實指的是到處飄蕩的孤魂野鬼。人在荒郊野外或夜裏行路，最容易被它們纏上，導致生病甚至暴亡，所以對它們要恭恭敬敬，不時祭獻。

「虛空（天空）過往之神」是各路無名鬼神，它們游蕩在日月和浮雲之上。雲南大理

　　禍祟類的兇神惡煞精怪邪靈，需要禳解。禍祟類紙符很多，民間認為人生病、死亡、家道不順、年成不好，都是衝撞了邪靈；甚至建房、開礦、生孩子，由於動了土，流了血，驚擾或污穢了神靈，也不可避免地會帶來禍祟。諸神過往於虛空，孤魂野鬼更是游蕩於不可知處。不慎衝撞，就會帶來災禍。禳解的辦法是做法事、祭獻和安撫神靈，請求它們不要作祟於人。

　　禳解儀式用的紙符置於一個大簸箕、斗籮或篩子，放香（一個馬子放三炷香），配一付錢粿，叫「起盤子」。道人誦經做法，仗劍驅趕，用雞血點過，撒五穀（穀子、包穀、蠶豆、高粱、綠豆）除穢，再拿桃弓柳箭射過，祭祀後用篩子端到家院外面燒掉。由於邪靈馬子多半用白紙印製，所以簡稱「出白」。這些紙馬可專用，也可根據不同情況互相組合為套符。

一、火災水患

　　中國傳統建築多為土木或磚木結構，在廣大農村，草房、竹樓隨處可見。這些建築最大的危險就是火災。一旦失火，毀掉的不僅僅是一個家庭，常常就

是一個村莊。所以，民間對於防火，是慎之又慎。除了人為方面對於火種的管控十分嚴格，更在「神為」的因素方面著力不少。

同樣，水患也是一直困擾人們的嚴重問題。發源於江河流域的古老文化，在水的問題上愛恨交織。一方面，水養育了人們，另一方面，水患也危害不少。由於治水，巨大的人力物力財力得以集中。集中的後果是集權，管理者自然成為獨裁者。

在民俗中，我們只要看看有關火與水的儀式，關於火神和水神的崇拜，就可以知道，因水火而生的文化，是多麼的現實而又奇幻。

火神

火神為祝融。立新灶取火、蓋房立柱，須備香火、黃錢，於門外燒送火神和火龍大帝。火龍的塑像，塑在雲南巍山縣巍寶山鄉洗澡塘村供著，北頭繫馬椿村的河心裏也供著。洗澡塘附近的小山包上有一個小廟，院裏有屋兩三間，泥土牆，唯正殿粉刷油漆過。殿門匾額紅底金字，寫了「南方明離宮」幾字，裏面供的是火龍神。村民說，村裏曾遭過一次火災，所以村民修建了這個火龍神廟。龍頭在大寺底，龍尾在巍寶山鄉，龍頭對著巍山城。房屋最怕「走水」（火災），有火星，所以必須來這裡祭火龍，獻齋飯茶酒，把火龍的紙馬焚化。如遇失火，是得罪了火神。滅火之後，要用火神紙，配三牲、雞，擺壇祭獻。平時立新灶取火、蓋房立柱，也要祭祀火龍神。備香火、黃錢，於門外燒送火神和火龍大帝。火神的形象，在各地火神紙符中有所不同，有的是持劍或騎馬拉弓欲射火鳥的武將，有的是穿袍袖手的儒生；身邊皆有火焰，或有火龍火鳥相伴。

火神廟小院。雲南巍山，2012，鄧啟耀攝

大殿殿門匾額。雲南巍山，2012，鄧啟耀攝

火龍神塑像。雲南巍山，2012，鄧啟耀攝　　南澗火龍畫像。雲南巍山，2012，鄧啟耀攝

火神。雲南騰沖　　　　　　　　火神。雲南大理

火神。雲南騰沖　　　　火神。雲南騰沖　　　　火神。雲南大理

火神。雲南大理　　　　火神。雲南保山　　　　火神。雲南保山

雖（離？）宮司火王神

雖（離？）宮司火王神。雲南大理

火部之神

火神之一。火神兼為陶瓷業、冶鑄業、鐵匠業、書坊業、煙業、糕點業、消防業、典當業等涉火、懼火行業必祀之神。

火部之神。雲南大理

火部之神。雲南大理

火德星君

村寨人家立新灶取火之後，須備香火、黃錢，於門外燒送火神，火龍大帝。若有兒童命中注定要遭火災，須過火關。如有蓋房立柱，為了預防失火，要祭火神。如果因火災水患受到驚嚇，喪魂失魄，也要用水神或火神紙符祭獻叫魂。

火德星君。雲南大理

火德星君。木板水印，清末，北京〔註1〕

火龍太子

農曆正月十六火龍聖誕、四月十五火龍會，要祭獻火龍太子。

火龍太子。雲南巍山

火龍太子。雲南巍山

青龍火龍。雲南巍山

火龍太子。雲南洱源

火龍太子。雲南洱源

火龍太子。雲南洱源

〔註1〕引自蕭沉博客：《俗神》http://xiaochen.blshe.com/post/78/503808，2010,2,11。

火龍太子。雲南大理

水火二神

娃娃跌到池塘，掉到井裏，河裏淹了，火上燒了，就該祭獻水火二神。遇火災，還要用三牲、雞，擺著祭獻。在哪裏出的事，就在哪裏燒。

水火二神。雲南巍山

水火二神。雲南巍山

水火二神。雲南巍山

水火二神。雲南巍山

水火二神。雲南畹町

水火二神。雲南龍陵

水火二神。雲南保山　　　水火二神。雲南巍山　　　水火二神。雲南大理

滅水火瘟疫符

這是雲南昆明至果道人畫在法事筆記本上的符，符下注：「將此符貼大門能滅水火瘟疫」。

滅水火瘟疫符。雲南昆
明至果道人提供

楊四將軍

即「楊泗將軍」，為四川、貴州、雲南南澗、建水、鶴慶等地崇奉的鎮水患之神，也被鶴慶辛屯鎮新登村奉為本主。

楊四將軍。雲南建水　　　　　　　　楊四將軍。雲南建水

二、官司刑厄

「官司」一詞，是中國特色的人治之制最恰當的說法。當社會治理不能依法而治的時候，人治不可避免。治人者誰？官也。所以犯了事，老百姓說「惹了官司」。

也正因為是人治，「關係」的打點，就成為定罪或免刑的關鍵問題。「關係硬」的，以權壓下來，有罪的可以弄成無罪，重刑能夠減為輕罰。沒有「現實」關係，又沒有錢財「打點」衙門的平民百姓，只有祈求幻化的關係尋求解脫。也就是請人做法事，向冥冥之處尋求幫助，祈求能夠換命轉運，免刑克厄。法事的整套做法其實還是套用人間的模式，比如供奉祭品，焚化紙錢「行賄」神靈，好言好語感動上天，求得一紙「免刑克厄金牌寶牒」，免刑、免難、免滅、免死。

披枷戴鎖，困於牢獄，是惹了官司刑厄的直觀形象，所以，過關解鎖，是紙符給出的象徵性意象。犯此關煞者，忌戴金銀器物，並需請來「關科」紙符，舉行過關儀式，度過可能披枷帶鎖的金鎖關鐵鎖關。

免刑克厄金牌寶牒

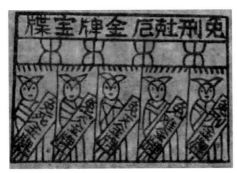

免刑克厄金牌寶牒。廣州

百解貴人紙第三層圖像中的免刑厄金牌。廣州

照光（官？）司。雲南昆明

免刑克厄金牌寶牒。廣州

免刑克厄金牌寶牒。廣州

免難金牌一道。廣州

關科

金鎖關。雲南保山

金鎖關。雲南保山

金鎖關。雲南保山

田野考察實錄：臺灣臺南永康二王廟八家將陣頭藝術

廟宇情況

永康區位於臺南市西南，永曆十六年（公元 1662 年）鄭成功逝世於安平縣王城，葬於東都承天府定里洲仔尾，即在今日臺南永康區範圍內。鄭成功逝世後，鄭經建「延平王廟」，為最早奉祀鄭成功的廟宇。永曆三十五年（公元 1681 年）鄭經去世後同樣附葬於其父墓旁。〔註2〕人們不斷將鄭氏三代神格化，其信仰遍布全臺。現今的永康地區，即留有多座奉祀鄭氏家族的廟宇，二王廟即為其中之一。根據二王廟方介紹，目前供奉鄭府二千歲（鄭經）、文衡聖帝、開臺聖王（鄭成功）、鄭府三千歲（鄭克臧）、注生娘娘、福德正神、天上聖母、觀世音菩薩、清水祖師、普奄祖師、三彭祖師、中壇元帥、范大神、謝大神等諸位尊神，以鄭府二千歲為主禮神明。

永康二王廟外觀。圖像提供：永康二王廟，2010

「問事」，乩童用手臂在方桌上書寫，旁邊兩位神職人員正在翻譯「神喻」。臺灣臺南，2014，陳丹攝

〔註2〕高致華：《鄭成功信仰研究》. 廈門大學博士學位論文，2004。

　　二王廟的信仰活動除了接受日常供奉之外，每週三、五晚間供信徒「問事」
〔註3〕。廟宇負責人周叔〔註4〕指出，二王廟信徒最多的神明有鄭府二千歲和
注生娘娘。婦女求生子皆拜注生娘娘，而鄭府二千歲以及開臺聖王和鄭府三千
歲等「王爺」皆屬「陰」，辦「陰間的事」，信徒有疑難雜症或時運不濟，多向
「王爺」乩童「問事」。乩童起乩時身體不由自主顫動，行為與神態與常日有
異，神職人員可以通過其表現判斷上身的神明，他們認為每位神明的性格各
異，乩童表現出來的動作神態也有所不同。信徒求問諸事，乩童則用手在方形
木桌上比劃，身旁兩位助手解讀神意。待問事完結，乩童「退神」，儀式告一
段落。二王廟屬王爺信仰系統，有學者考據其主神鄭氏為後期轉變而來，即二
王廟信仰初始時期為瘟神信仰，直到鄭氏神格化之後，才將神名附會為鄭氏。
從廟宇日常信仰活動看來，這裡確實呈現出一間「王爺信仰」廟宇的樣貌。並
且，王二廟擁有一般王爺信仰廟宇的典型配屬——八家將。

二王廟八家將

　　一般認為八家將是五福王爺的家將，專司捉邪驅鬼。五福王爺祖地為福
州。明末清初海外散人撰《榕城紀聞》介紹了明崇禎十五年福州民眾設醮禳祭
五瘟帝的情形：「二月疫起，鄉例祈禳土神，有名為五帝者，……各社土神參
謁有期，一出則儀仗車輿、印綬籤簡，彼此參拜，有中軍遞貼、到門走轎之異。
更有一種屠沽及游手之徒，或裝扮鬼臉，或充當皂隸，沿街迎賽，互相誇耀。」
〔註5〕可見這種妝扮遊藝、模仿巡捕體系的形式很早便出現了。發展到現在，
王爺信仰的廟宇神明出巡，必出家將，它們的任務在於主神出巡時協助緝捕邪
祟、護衛主神，也有祁安鎮煞的作用。〔註6〕

（一）八家將角色

　　八家將的神將有什役（刑具爺）、文武差爺、甘柳將軍、謝范將軍、四季
大神等，以下結合二王廟八家將的具體情況對各個神將進行詳細介紹。

〔註3〕由乩童（即靈媒，臺灣本土也稱「乩身」）通過起乩（神明附體）的方式溝通
　　　人神，也稱「扶鸞」。
〔註4〕周叔，男，約65歲，永康二王廟敬和堂家將會會長。
〔註5〕〔清〕海外散人撰《榕城紀聞》載陳支平主編《臺灣文獻彙編》第二輯・第
　　　十四冊，北京：九州島島出版社、廈門：廈門大學出版社，2004，p132～133
　　　——轉引姜守誠，試論明清文獻中所見閩臺王醮儀式〔J〕，宗教學研究，2012，
　　　（第1期）。
〔註6〕參見黃文博：《臺灣民間藝陣》，常民文化出版社，2001；石萬壽：《家將團——
　　　天人合一的巡捕組織》，史聯雜誌，1984。

　　什役。也稱刑具爺，走在家將團的最前端，主要任務是帶鄰家將團隊伍行進方向。重要特徵是肩挑「刑具擔」，「刑具擔」上有黃紙紅字（符）紙符封條，角色定位在「雜役」。刑具上除了方形或鯉魚形的主體之外，常掛有小型的刑俱如皮鞭（抽打身體）、皮鞋背（掌嘴）、手釘、腳釘、炮烙等，這些小型刑具撞擊後發出聲響，成為指揮整團家將步伐的儀式音聲，因此什役具有指揮家將團行止舞演的重要作用。

周叔擔任「刑具爺」，「刑具擔」上有紙符封條。圖片提供：永康二王廟；拍攝時間：2012。

　　文、武差爺。主要任務是收發主神交辦事項，文差爺手執令牌負責接令，武差爺負責手執令旗負責傳令。常由小朋友扮演，身穿虎皮衣，臉畫白紅花和小蝙蝠圖案。一般不將文、武差爺視為「將」，僅稱之為「小差」或「差爺」，因此現八家將團實有 11 名團員，仍稱「八家將」。

　　甘、柳將軍。八家將團司追捕邪祟職責的主力。他們一手持戒棍，俗稱「板批」，另一手執扇，穿黑衣或青衣，露肩。甘將軍，全名甘鵬飛，畫紅黑陰陽臉，故又稱「陰陽仔」。柳將軍，全名柳鈺，畫白面黑章魚足形臉，大小眼歪嘴，又稱「三角仔」，同樣手執板批與羽扇。甘、柳將軍俗稱家將團的「頭排」，主外勤巡捕的工作。

　　謝、范將軍。謝將軍全名「謝必安」，俗稱「七爺」或「大爺」，由身材高瘦、膚色較白者扮演。扮演者一身白衣，頭戴白色高帽，上書「一見大吉」字樣，臉譜畫「白底蝙蝠目」，額頭畫紅色「中」字，一手執火簽或枷鎖等刑具，另一手執羽扇。傳說因謝將軍為白鶴化身，故行白鶴拳。范將軍俗名「范無救」，俗稱「八爺」或「二爺」，常由身材矮粗、膚色黝黑者扮演。扮演者一身黑衣或藍衣，頭戴黑圓帽，上書「善惡分明」字樣。一手執方牌或枷鎖，另一手執羽扇，民間相傳其為黑猴化身，行猴拳。謝、范將軍和甘、柳將軍合稱「前四班」，是家將團中的重要人物，往往由團中身段最好者扮演。

　　四季大神。春、夏、秋、冬四季大神，即民間常謂之「四季審堂」，姓氏分別為何、張、徐、曹。與「前四班」主要負責出外巡捕不同，他們的主要職責是主神開堂審案時協助拷問。因此四季大神所持主要有木桶（或花籃，用以潑水喚醒受刑犯人）、火盆（用以炮烙）、金瓜鎚（用以敲打犯人頭部）、毒蛇（用以威嚇罪犯）等刑具。相對於甘柳謝范「前四班」之稱，四季大神亦有「後四季」的稱號，他們的裝扮依據，大抵源自中國傳統觀念中的五方五行〔註7〕：

神　名	屬　性	服裝顏色	臉　譜	刑　具
春神	東方青龍	青色	虎面	花籃
夏神	南方朱雀	紅色	蓮花面	火盆
秋神	西方白虎	白色	烏面	金瓜鎚
冬神	北方玄武	黑色	葫蘆面	蟒蛇

以下為二王廟八家將的隊形排列〔註8〕：

什役（刑具爺）　　　　文差（令牌—接令）　　　　小差（傳令）

甘將軍（板批）巡捕　柳將軍（板批）巡捕　謝將軍（魚枷）捉拿　范將軍（方牌）捉拿

〔註7〕參見黃文博：《臺灣民間信仰與儀式》，常民文化出版社2001年版。
〔註8〕根據周叔、魏叔父子、謝教練等二王廟敬和堂家將成員口述及廟方提供簡介整理而成，訪談時間：2014年11月；圖片由敬和團八家將團提供，訪談人：陳丹。

春神（花籃）審問　　夏神（火盆）審問　　秋神（金光錘）拷打　冬神（蟒蛇）拷打

以上均臺灣臺南，2014，陳丹攝

（二）八家將出陣流程

　　受禁。八家將成員在出陣前 3 至 7 天必須受禁，禁絕煙、酒、色、檳榔與葷食，淨身沐浴，早期須進住廟內食齋，以淨穢氣。現今對受禁的規範已不再嚴格要求，但大多成員仍會在出陣前注意飲食清淡，出入安全及保持體力，以保證出陣順利。

　　安行臺。「行臺」為主神和家將團的臨時行館，主要供家將團休息、整裝、活動。「安行臺」類似於安頓軍隊駐紮之地，地點由主神決定，鄭府三千歲、謝大神、范大神坐鎮行臺。「安行臺」的時間定於八家將出陣 7 天前。案臺擺設王令、供品、四果、白飯、檳榔煙、符令等祭品。家將的服飾、刑具等分別整齊排列於兩旁坐椅之上，禁止女性觸碰，他們認為女性的觸碰可能使神器沾染不潔，影響神明對扮演者的「附身」。

八家將「安行臺」現場。圖片提供：永康二王廟，2012，陳丹攝

　　開面。出陣當日必須提前 4 小時以上進行開面（打面）儀式，即為家將勾畫臉譜。開面前，扮演者須沐浴淨身，等候上妝。二王廟八家將最早由金芳閣陳金永擔任面師（開面師傅），現傳承至第二代許文明師傅。臉譜勾畫完成後，還須一系列的程序。

　　稟班、著裝、開光、拜飯。家將開面後，由廟宇禮生傳達王爺令諭，授令旗予武差爺，言明出發時刻，家將即開始著裝候傳。依裝扮角色，穿戴衣帽、香火袋、符令、平安餅。香火袋懸掛於頸部，供信徒膜拜；平安符令供沿路信徒乞求，火化於水飲之，以保平安；民間有孩童吃了平安餅能夠平安成長的說法，因此家將會在身上懸掛一串平安餅以供信徒求食。著裝完畢後由師傅書寫符令，經由開光、點淨符、淨身、喝開光符水等程序後，意味著扮演者擁有了神將身份。他們會象徵性地吃祭拜的白飯，意保平安，至此開始不得任意走動、說話、進食或抽煙等，靜坐於「行臺」等候王爺下令出發。

　　稟班、領令。出發前，禮生再次傳達王爺令諭，將「王令牌」授予文差接令，交付出巡任務，稱為「稟班」。文差跪地，雙手接下王令牌為「領令」。隨後家將依序向王爺神轎行參拜禮，開始護駕、出巡繞境。

　　拜廟。繞境途中會經過大小廟宇，八家將必須向該廟主神參拜。在什役的帶領下，家將成員依隊序行拜禮，每組三次。八家將的陣形、腳步在拜廟的過程中得以展現，有行七星線、八字步、花步、八字迴旋步等步伐，「踏四門」、「打八卦」、「坐笅現肚」等陣形。

　　排班。拜廟後的八家將依序排列於香案兩旁，恭候主神神轎進廟參香，既起到護駕作用，也壯大了聲勢。什役肩挑刑具，口中高喊「將爺排班伺候」，隨著他將手中刑具往地上砸去發出「啪」的聲響，家將們即出弓箭步，將羽扇揮向香案，待神明神轎參香完畢後，整隊離去。

　　敬酒包。八家將若進入同樣設有八家將組織的廟宇參香，該廟會事先準備好米酒與包子，八家將到來時，將整瓶的米酒各倒一口入每一位將爺口中，喊道「向將爺敬酒」，再端出肉包「敬包」，將爺也擺出姿態，象徵性地食用，最後擺陣向該廟神明達禮參拜。

　　收驚、淨宅。家將在出陣的途中，常有民眾要求收驚，即請家將幫助民眾驅邪改運。民眾就地下蹲排成一列，由家將持法器刑具掠過頭頂完成儀式。此外，若民眾請家將為其淨宅，則由家將進入屋內繞行、敲打牆面、桌面，對住家內可能存在的邪穢進行震懾，祈求居住平安。

「敬酒包」　　　　　　　　　八家將為民眾「收驚」。

圖片提供：永康二王廟；拍攝時間：2012

繳令。八家將在繞境完畢回歸本廟時，由禮生「稟班」傳達王爺退班令喻，文差爺將「王令」繳回供奉，這一儀式稱作「繳令」。家將依序向王爺參拜後退班、卸妝，結束護駕任務。

（三）八家將出軍的禁忌。

1. 出軍的前一周居住在安行臺處，茹素，不行房事。周叔認為按現代觀念來解釋，即是保證人員安全，飲食清淡，保持體力，但現在並不嚴格要求。

2.「開臉」後不得講話，巡遊過程中不可飲酒、嚼食檳榔、抽煙。在他們的觀念中，「開臉」後的扮演者即為所扮之「神」，不可隨便亂代神發言，飲酒、食檳榔和抽煙皆對神的形象有所損毀，因而禁止。出軍過程中，如需向身旁幫手交代事情，則輕言短語，可適當飲食，但仍須以扇子遮擋。

3. 出軍時遇到喪家以扇遮臉，防止穢氣。

4. 旁人不可闖入行進中的家將陣，他們認為這是「破陣」，為大忌。

傳承情況

二王廟敬和堂鄭府千歲駕前八家將，是附屬於二王廟之下的家將團，成立至今 60 餘年，為永康最早成立的家將團。最初師承臺南新化老師傅，1970 年由當時臺南市米街「忠澤堂」王福教授腳步、手路及陣式，保留至今。目前家將團成員流動性較強，周叔、魏叔父子〔註9〕、謝教練等是土生土長的永康人，現在負責的是家將團的日常管理、訓練和活動組織。繞境活動參與家將出軍的成員，不少是以臨時培訓的方式吸收的。

〔註 9〕魏叔，男，約 65 歲，二王廟八家將主要負責人之一；魏叔兒子，男，約 35 歲；謝教練，男，42 歲，負責二王廟八家將的日常教練工作。

（一）「守住傳統」

不參與職業化與表演性的「請陣」。二王廟八家將平時不應聘出陣，他們認為自己與其他職業家將團不同，屬於傳統的「莊頭」陣頭。臺南竹篙厝大廟建醮送王船，曾欲以十萬元聘請二王廟八家將出陣，最終他們予以拒絕，理由是二王廟八家將出陣的前提只有一個，即本廟王爺出巡繞境，家將作為駕前先鋒，擺陣出軍。因此只要不符合該前提的邀請，他們都予以婉拒。二王廟八家將曾經借將給忠澤堂什家將，參與「兩岸城隍大會師」的繞境活動。他們認為一方面由於忠澤堂與他們有師承關係，陣法套路同出一脈可互為合作；另一方面，借將是穿著忠澤堂家將團的服裝，使用其法器，以其名義出陣，與自身「主神不出將不出」的原則並無矛盾。

套路、服飾「不求變」。謝教練回憶，王福老師傅早年訓練家將十分嚴格，著重基本功。常使團員立於水溝之上習腳步工夫，一段時間後再學走位和陣法。注重手部力道和整體姿勢的到位，團員在不斷的動作互動演練下，增強手路的流暢程度，以保出軍時完美的整體面貌。目前二王廟八家將仍然承王老師傅所授之陣法套路，他們認為保持傳統比創新表演方式更為重要。服飾方面亦承舊式，在他們看來，二王廟八家將最大的特色便是堅持「主神不出將不出」的原則，還有遵循舊制的陣法、套路、服飾和臉譜。

（二）現實問題

生產生活方式改變導致廟宇活動邊緣化。半個世紀以來，臺灣社會由傳統的農業社會快速轉型進入工商社會。隨著城市擴大，人口流動，傳統的「莊頭」[註10]概念邊緣持續模糊化。周叔是二王廟八家將的第二代，據他回憶，廟宇所在的二王里在他小時候大約是 70 戶 400 多人。小時候整個莊頭的人在熟人社會中生產生活，莊內小孩經常在這座主神廟前玩耍，周叔一輩的莊人對二王廟有種難以磨滅的歸屬感。隨著經濟的起飛，城鎮的擴張，一方面，農村與城市之間的邊界發生了一定程度的模糊甚至消散，外來人進入傳統的「莊人社會」，由於沒有共同的生活經驗和歷史記憶，他們對所處地域的公共空間所持有的情感難以與本地人有所共鳴；另一方面，傳統莊頭內的自然村之間的邊界又變得愈加清晰，具體表現在由於經濟水平的提升，人們各自建立起本村主神廟，日常的求神問事只消就近解決，而無須去到傳統上「管轄」整個二王里的

〔註10〕相當於大陸地區的「鄉」。

二王廟。按周叔的話說，現在二王廟由以前的「警察分局」變成了「派出所」。曾經「管轄」二王里的主神廟，承載了熟人社會共同的生活記憶，卻因生產、生活方式的變化不斷地邊緣化，練八家將的人也越來越少。儘管家將會的主要負責人都認為「守住傳統」是他們不可背棄的原則，然而傳統訓練方式在當下卻面臨難以保留的窘境。一方面是學習人數日益減少，常常是籌備活動臨時動員訓練，人員流動性很強，常常是從頭教起，卻由於時間緊迫不得不精減訓練環節，縮短訓練週期，大約三個月至半年練完基本套路步伐，這與以前至少一年才能學好的標準存在一定差距；另一方面，幾位帶頭人都認為現在少年人喜愛花俏的動作，而不願意學基本功，如若每天習馬步手勢，年輕人恐怕難以堅持下去。為了留住他們，家將會不得不降低訓練要求──「先求有，再求好」。這也導致了目前家將出軍的動作和神態較為表面化，整體氣韻難及從前。

　　社會輿論影響八家將傳承人的吸收。當前臺灣社會輿論對八家將的負面印象有賴於新聞媒體的推波助瀾。上世紀八九十年代，隨著政治上對民間信仰放寬，弘揚本土文化訴求上升，民間信仰活動不斷恢復且蓬勃發展，八家將在原來「莊頭陣」的基礎上發展出不少職業陣頭，其中出現了少數以組織家將陣頭為名聚集青少年尋釁滋事的事件。不少新聞媒體以此為新聞點將「八家將」與「不良青少年」、「黑幫」聯繫起來報導，大眾逐漸對八家將這類陣頭團體形成較大的負面觀感。筆者在調研的過程中，不斷聽到八家將成員對於新聞媒體此類報導的微詞。他們認為負面事件只是極少數存在，卻因此導致整個社會對八家將這一信仰藝術的偏見。過去家中小孩參加八家將是很光榮的事，現在家長成了很多孩子參加八家將的阻力。當前臺灣民間藝陣的傳承，情況較好的大多在國小設置興趣班，從弘揚本土文化、強身健體的方向培養新一代傳承人。不少宋江陣都走入國小，八家將卻難以實現。為何面臨如此窘境？魏叔提到一個細節，宋江陣不「開臉」，打架了容易被認出來，開了臉的八家將打架也沒人知道是誰。這種特點為八家將成員製造社會不穩定提供了「優勢」。從這個角度看，八家將裝束的神秘性、與民俗觀念中屬「陰」的王爺信仰之間的密切聯繫，使大眾更加易於產生與社會陰暗面相關聯的想像，加之新聞媒體的助力，導致這種負面印象刻板化。而實際參與八家將的青少年在其中事實上是被「噤聲」的，家長逐漸失去真正認識八家將團中青少年的實際情況的興趣，取而代之的是聞之色變，不少對八家將陣頭藝術懷抱興趣的青少年亦對其望而卻步。

　　對於未來發展的看法，家將會成員認為順其自然。由於廟宇和家將會有一定資金支持，經濟不是最大的問題，關鍵是人的傳承，如若後繼無人仍可能走向解散的境地。維持發展二王廟八家將對他們而言是一種歷史情感的延續，這也是他們堅持傳統「主神不出將不出」原則的原因。拒絕發展成為職業陣頭，一方面是他們認為有違傳統，另一方面是廟方無意於此。當前臺灣許多民間藝陣申請成為無形文化資產，從而獲得保護發展資助與表演機會。他們認為二王廟方志不在此。傳統是否一定要「被看見」？「被看見」興許更多是一種發展的策略，而這一策略對二王廟敬和堂八家將而言，並非那麼重要，他們的堅持，更多基於共同的生活經驗和歷史情感，對於下一代，他們希望盡己所能傳授卻不強求，因為在他們看來，八家將本來就是他們自由選擇的生活的一部分。〔註11〕

三、兵燹凶死

　　翻開一部中國史，記錄的絕大部分是征伐、暴亂、政變的歷史。無論是外辱內患，還是改朝換代會，戰爭基本是常態。兵燹盜匪之禍，導致大量非正常死亡，老百姓認為，死於刀兵的屬於凶死，靈魂無法順利轉世投胎，會變成孤魂野鬼到處作祟。所以，兵燹凶死，是民間禳祓的重要內容，由此產生的紙符，也有很多種類。

1. 刀兵紙

刀兵

　　刀兵，一般是五鬼，此為一至四鬼，造型亦奇。民間認為，如果有人動不動提刀弄斧，跟人打架，是撞著刀兵了。滇西自古到今（抗戰時）發生多次慘烈的戰事，刀兵亡魂很多。如果謝土、生病、晚上出去回來不好過，請先生瞧卦，是撞著刀兵了，就要燒這個馬子。你不送我我送你，要在四方祭獻，哪一方都不要漏。出去燒化的時候，還要帶用紙剪的幾枝槍，幾把刀，棉衣湯飯，一起燒化。

〔註11〕本田野考察實錄由中山大學中文系博士生、本項目成員陳丹調查撰寫。

刀兵。雲南保山　　　　刀兵。雲南德宏　　　　刀兵。雲南大理

刀兵。雲南大理　　　　刀兵。雲南保山

五道猖王

猖王即猖神，又寫作五昌、五猖、武昌、五猖兵馬大元帥等，屬武神。其來源，一是《明史》所述開戰前需祀的「陣前陣後神祇五猖等眾」，二是戰國時著名戰將兵法家白起、王翦、廉頗、李牧、孫武（有的無孫武，加白猿）。五猖被戲班裏武行、筋斗行專奉為祖師，每年五月二十三日由武生、武花（花臉）、武丑、武旦分工掌刀殺雞祭祀。

五道猖王。雲南保山　　五猖。地點未詳

昌（猖）兵

和五猖一起祭供於桌下者，主要為避凶煞、避刀兵。不上臺的意思是兵馬大元帥不出頭，則世界平靖，不用刀兵。

昌（猖）兵。雲南騰沖　　昌（猖）兵局部。雲南騰沖　　五路唱（猖）兵。雲南大理

五路（道）之神

五路之神。清末，北京　　五道之神。清末，北京　　五路之神。雲南巍山
〔註12〕　　　　　　　　　〔註13〕

五方五道大神。雲南大理　　五方五路。雲南大理

〔註12〕引自蕭沆博客：《俗神》（圖為日本人20世紀初收藏）http://xiaochen.blshe.com/
　　　post/78/503808，2010,2,11。
〔註13〕引自蕭沆博客：《俗神》（圖為日本人20世紀初收藏）http://xiaochen.blshe.com/
　　　post/78/503808，2010,2,11。

五路刀兵

五路刀兵。雲南巍山

五路刀兵。雲南巍山

五路刀兵。雲南巍山

刀兵五鬼

刀兵五鬼可能來源於「五路之神」「五道猖王」「五屍」等，由於其凶，雲南民間多把他們降格為「鬼」。他們認為，在發生過戰爭或因刀兵之禍凶死的地方，容易撞到五鬼陰兵。謝土、生病、晚上出去回來不好過，請先生瞧卦，是撞著刀兵了，就要燒五路刀兵馬子。你不送我我送你，要在五方祭獻，哪一方都不要漏。出去燒化的時候，還要帶用紙剪的幾枝槍，幾把刀，棉衣湯飯，一起燒化。刀兵五鬼是五方五路的鬼，就像舊時的兵痞匪盜，即使你不惹它們，它們也要惹你。

刀兵五鬼。雲南昆明

五鬼關眾。雲南大理

五鬼

舊時由於兵痞匪盜多，雲南騰沖的刀兵紙只寫一個「五」字，主要是具體情況具體分析，看撞到的是兵，是鬼還是盜。做法事時在空白處填進「兵」「鬼」或「盜」。蓋房動土也可能被刀斧傷到，所以在「謝土」時也要祭獻刀兵五鬼。

如果只是肚子疼，燒一點錫箔做的小錁即可；如果情況嚴重，則要到寺廟裏，
請人赤身裸體，化裝成五鬼，手拿鐵鍊表演，祭獻大錁。

五鬼。雲南大理　　　五（鬼）。雲南騰沖　　　五鬼。雲南騰沖　　　五鬼。雲南保山

五鬼傷神古墓古窯

五鬼傷神古墓古窯。地點未詳

軍牙六毒（纛）

　　「軍牙六毒」，實為「軍牙六纛」。因「纛」字筆劃太繁，民間刻工不易
把握，在流傳過程中簡化為「毒」。「纛」以豹尾或羽翎為飾，為軍隊儀仗之
旗，或是帝王征戰時車馬的標配，如同指揮之旗。旗纛神又稱纛神、軍牙六
纛神。明清時，軍隊祭旗纛神活動很盛。明代田汝成《西湖遊覽志》記洪武
年間祭旗纛神：「旗纛廟：洪武三年建於都督府後，以祀軍牙六纛之神，每歲
驚蟄、霜降祭之。」〔註14〕軍人因用馬作戰而祀馬王。圖像下方有人牽馬，
當如此也。

〔註14〕（明）田汝成：《西湖遊覽志》卷十六，上海古籍出版社 1958 年版。

軍牙六毒。雲南大理　　軍牙六毒。雲南大理

七殺

　　殺神有多種，有天殺、地殺、木殺、七殺等。「七殺」是七個穿官服的傢伙，雖然道貌岸然，其實殺氣很重。騰沖的殺神長著蝙蝠一樣的翅膀，鳥嘴禽爪，抓住一個人正欲下手。騰沖有的「七殺」紙馬在「殺」字前空著一字，不是疏漏，而是為了一紙多用。如果一個人，好好的，去打水或做什麼事，突然就死掉了。先生算出是撞到殺神了，著「殺」的，猛然間就像死了一樣。這時要搞個紅毯子，把他蓋住，拿大鈸等家什敲，他就會醒來。不能摸他，摸他就真死了。

七殺。雲南保山　　　　　　七殺。雲南保山

（七）殺。雲南騰沖　　　　七殺。雲南騰沖　　　　七殺。雲南大理

其他凶死

在民間信仰中，槍炮傷亡、溺水焚火、惡疾病故、自殺、車禍、雷擊、早夭等非正常死亡，均屬凶死。按民俗，凶死者不能進入祖先墳場，不能順利超生，或墮地獄上刀山血山，或成為孤魂野鬼作祟人間。所以清明、中元節時，除了祭祀祖先，也要祭祀這些亡靈。

槍炮傷亡。雲南昆明

2. 將軍紙

俗話說，「一物降一物」。刀兵五鬼六毒七殺再凶戾，也有管控它們的力量。這便是帶兵的將軍們——還是權力說了算。

掌兵太子

掌兵太子在土主廟裏左邊上方供養，在陰間掌兵，除了掌管五路刀兵等邪靈，也是土主委任的捉魂使者，所以，如果人多病懷疑失魂，就要祭獻掌兵太子，退送陰靈。燒那些邪靈馬子的時候也要燒掌兵太子的馬子，才管得住，有作用。祭獻時在土主廟前的兵戈場，擺一桌席，八土碗菜，和相關配套的馬子一起焚燒。

掌兵太子。雲南巍山

掌兵太子。雲南巍山

掌兵太子。雲南巍山

掌兵太子。雲南巍山

掌兵太子。雲南巍山

掌兵太子。雲南巍山

四、車馬路禍

自從人類打破空間局限，開始遷徙、經商、運輸、旅遊等人流物流動行為以來，車馬路禍就是與之相隨的災難。很多古道的開通，促進了貿易往來和文化交流，也衍生出攔路搶劫的車匪路霸，而在險峻的路途中，人馬失足，車毀人亡的事，更是無法預計。行路的危險，無處不在。所以，從過去的趕馬人，到現在的汽車司機，「出入平安，車馬大吉」，是普遍的祈願。

大巴裏懸掛的風馬符。四川西昌，2001，鄧啟耀攝

車馬紙

車馬平安

　　西南有許多著名的古道，過去基本靠馬幫維繫。在橫斷山至喜馬拉雅的險峻山谷裏行走，趕馬人每天面臨的，除了山路的危險，就是隨時不期而至的匪盜。如果不幸遇到，不是折財就是失命。現在開車，路況好一些，但危險依然存在。所以，凡出遠門，祈祝「出入平安，一路順風」，就成為行路人在裝備、技術之外還需要祭祀車馬路神，做一些超自然準備的原因。

人馬平安。雲南大理

行車避邪護身符

行車避邪護身符。雲南寧洱

車神

古代的山路，只能走馬，車神應是後起的神靈。但這位武裝押運的車神，披盔持劍，卻是古裝打扮。可見在造神者心目中，神靈資格越古遠，越有威力。

車神。雲南保山　　車神。雲南德宏　　　車神。雲南騰沖　　　車神。雲南騰沖

田野考察實錄：田野考察中的車禍

2001 年我帶著剛上高中的女兒，和昔日的知青夥伴、畫家老劉等一起回盈江看望傣族鄉親，回程按當年我們「亂竄」邊境外五縣的路，重走一趟。30多年前步行刻骨銘心的記憶，今天在車上一晃就過了。

　　從畹町往芒市走的那天早上，老劉和我都望著窗外。當年為了避開瑞麗橋的關卡，我們繞山路渡江。走到半夜才到渡口，那時已經整整餓了一天。在江邊熬到天亮，渡過江，還得空肚子走半天才到畹町。到那裏才找得到吃的。

　　正想著，忽然聽到司機大叫。隨司機手指的方向看去，一輛下坡的越野車，超越了黃實線，直朝著我們衝過來了。我們邊喊邊靠邊停下，那車還是直接撞到我們車上。車被撞橫，我飛離座位，背脊把邊門都撞凹了。

車禍現場。雲南畹町，2001，鄧啟耀攝

　　下車後，問怎麼回事，那司機驚魂未定，說，下坡時，一踩剎車，沒了，右邊有輛摩托，只好靠左，控制不住，拿你們的車擋一擋。再往下滑一百米，車速更快，接著是個急彎，今天怕是躲不過去了！你們救了我們一命。下來幾個趿著拖鞋的乘客，大咧咧的。一拖鞋說，撞上車，賠個一兩萬就行；撞上人（騎摩托者），那就不是一兩萬能搞定的。他們自稱森林警察，穿便衣，非執勤。這幫傢伙，竟拿別人的命當墊！好在人都沒事，就算救人一命吧。交警來，認定全部責任由對方負責。

　　車還能開，我們掉頭回鎮上處理事故。誰知走前面的他們，半路突然拐進一條林區小路，加速逃跑。虧得那林區小路是死路，我們司機拼命追上，把他堵回。我斥責道：「你們怎麼可以肇事逃跑呢！」他們還很凶地說：「話不要說得這麼難聽嘛！」我們這才明白，遇到了一幫無賴。

　　安排好修車的事，找地方住下。第二天他們來了七八個人，全部穿著警服，那氣勢一下把在場的人都鎮住了。他們個個雄赳赳氣昂昂，大著嗓門嚷嚷。領頭的說，他最近很不爽，前段時間打了人，最近又丟了槍，接著就撞車了。他明明白白給我們的暗示是：他有槍，會打人，又撞了你們的車，他很不爽，你們別惹老子。那意思我們還成了他不爽的原因之一了。顯然，此人心不善。

　　我也很不爽，一邊聽一邊想，怎麼教訓一下這個傢伙。他帶來七八個警察，我們加上司機只有三男二女，力量懸殊，誰都可以看出這個形勢，只好任由他越說越起勁。他看我們都不吭聲，暫停，得意地審視大家。

　　我開始說話，音量沒他的高：「你，有沒有發現這些事情的關聯性呢？」

　　「什麼關聯！」他有些愕然，但依然氣盛。

　　「你有槍而槍丟了，打人被處分了，這次突然車就沒剎車了。一次比一次升級，那接下來會有什麼？」

　　「什麼？」他音量有些低了。

　　「你印堂發暗，似有血光之災。」我看定他的臉，沉吟片刻，「你有槍，能夠和正規軍的裝備比嗎？你打人，可以和鬼打嗎？麻煩大的還在後面，撞車只是它們的一個提醒。你自己想想，為什麼你們的車到那地方就沒有剎車了呢？這地方陰氣很重喔。」

　　他支吾起來。我知道他明白我指的什麼，但我不點破，繼續充當域外高人，裝神弄鬼說許多玄乎乎的東西，涉及因果，涉及超自然，也涉及做人做事。主要意思是，如果老幹壞事，一定會遭報應的。

　　我滔滔不絕說了許多，好像對地方歷史和某些不可言說之事所知甚多的樣子。那人漸漸虛了，諾諾問：「有沒有解的辦法？」

　　這種人，光空說不行，得讓他肉疼一點才實在。所以，我就賣了個關子：「化解的辦法呢也不是沒有。俗話說，折財免災，你想免多大災，就得折多少財。自己考慮吧。」轉念一想怕他公款私用（修車已經是保險公司付帳），再補充一句，「你燒過香吧？你知道燒香的錢必須自己出才靈。」

　　他猶猶豫豫，最後還是從自己口袋裏掏出 2000 元。這錢我沒要，給了司機，這樣我好站在道德制高點繼續教訓他們。那天我口才空前的好，教訓了他們整整一個上午。這正是：他以力唬我，我以心攻他。借力發力，以心攻心。

　　他們走後，夥伴們大呼過癮。老劉問：「你什麼時候會看相的？」

　　我這才告訴大夥，自己哪裏會看什麼相，只是用了一下山寨版的心理人類學而已。原來，昨天安頓好修車的事，下午得空，我到鎮上逛，和人閒聊時說我們在哪哪撞車了，當地人說，撞車有什麼奇怪，不撞車才奇怪呢。我說怎麼這樣說話呢！當地人告訴我：「你知道那是什麼地方？你們撞車那地方叫做黑山門，是個咽喉之地。過去匪盜出沒，殺人越貨。抗戰勝利前夕日本鬼子逃緬甸，被國軍全殲在那裏，國軍也死了很多人。現在『打人』（槍斃）也在那裏。那地方陰魂不散，所以出事是肯定的。不然，好端端的車，為什麼突然剎車失靈呢？」

　　我們的司機有些緊張：「我們回去還要經過那裏的……」

　　我說：「我也問了：『我們還要回去，那咋辦？每天來來往往那麼多車。』當地司機打開一輛車的車門，車門上黏著兩個折疊起來的紅綠喜神紙馬。這是當地車解決問題的辦法。」他們還教我，回去的時候，到紙火鋪買幾張馬子（紙馬），帶一點供果，到黑山門紀念碑前燒燒、拜拜，就沒事了。我正做紙馬的研究，這意外飛來的田野資料，當然得抓住。找到賣「紙火」（即喪葬、祭祀等紙錢、紙紮、紙馬用品）的店鋪並不難，街角就有幾處這樣的小攤。我向守攤的老太太如實講了我們的遭遇，請教她應該買什麼紙馬，如何做儀式。老太太 86 歲，保山人，她說：「黑山門，那地方陰氣重，遊魂野鬼多。你們出門人要獻獻呢！」她指點我在黑山門燒山神土地紙、刀兵紙、喪車神煞，秧煞之神等，配一些黃錁和白錁，獻一些點心；「你們出門出戶的人，還要請和合喜神貼在車上。黃喜神是素的，吃齋念佛的人用，你不用買了。紅綠喜神俗人用，要各五個疊在一起；還有平安紙，要安一對錁子，黃錢，三炷香，求出門在外，清吉平安。」另外，還把她攤子上賣的紙馬，都一一給我說了一遍。在說到「蠱神紙」的時候，還特意吩咐：「要寫上去，各做各用，和你前面買的不住一起燒」。我一式買了兩套，一套做儀式用，一套留著做圖像資料。本來只是研究用的，要是惡警不那麼囂張，也沒想到田野考察所獲現蒸熱賣正好用上。

畹町本地的車，車門上都黏著兩個折疊起來的喜神紙馬，用以辟邪求吉。2001 年，雲南畹町，鄧啟耀攝

工廠機器上也黏著兩個折疊起來的紙馬。雲南畹町，2001，鄧啟耀攝

這位老太太擺攤賣紙馬紙錢，她教了我許多民俗知識。雲南畹町，2001，鄧啟耀攝

喪車神煞，秧煞之神。雲南畹町

刀兵。雲南保山

山神土地。雲南畹町

　　回去的路上，本是晴天，快到山頭時，陰霾密布。我們慢慢開，仔細搜尋。不一會，在樹叢間，果然見到一個紀念碑。紀念碑黑底黃字，上書「黑山門戰鬥遺址」幾個大字。停下車，大家肅立碑前，畫家老劉上前祭祀亡靈。他呈上貢品，一邊焚燒紙馬，一邊念念有詞：「殉國的抗日將士，我們來祭祀你們了。謝謝你們打敗日本鬼子，讓我們得享太平。還有四處游蕩的日本孤魂野鬼，這要怪你們跑來中國打仗，結果有家不能回。現在中日已經友好了，這包子也分一點給你們，就不要再來搞亂了。」

　　祭完，我們上車，一路無事。

畫家老劉在黑山門戰鬥遺址祭祀亡靈。這是上午十點左右，山口陰沉沉的，拍照還得打閃光。雲南畹町外黑山門戰鬥遺址，2001，鄧啟耀攝

第十一章　疫　病

　　沒有誰不怕病。在醫藥條件較差的山鄉僻地，瘟疫更是人人畏懼的凶煞。關於瘟神的信仰，在中國民間由來已久。《搜神記》載：「昔顓頊氏有三子，死而為疫鬼：一居江水，為瘧鬼；一居若水，為魍魎鬼；一居人宮室，善驚人小兒，為小鬼。」〔註1〕

　　為祛瘟神疫鬼，民間形成了眾多的祭會祀儀。

　　雲南紅河哈尼族每年農曆七月中旬屬蛇日舉行全寨性驅病神祭祀活動，叫「米殺殺」或「趕病神」，與「清醮會」的形式有些相似。會期停止生產，由眾多未婚青年和兒童，用鍋煙或各種顏料塗抹面孔，手握刀槍、銅器、鐵鍊等物，裝扮神兵，在祭師的祈禱祭詞聲中，走家串戶驅趕病神，每進一戶人家，神兵們揮舞器械，一邊吶喊，一邊作出與鬼魂拼搏的樣子，樓上樓下，裏屋堂屋無處不到。主人撮一大碗米給驅病神的隊伍，在火塘內丟一把辣椒，讓辣味充滿屋子，等「神兵」走後，再用掃帚作清掃。神兵遍撞全村各戶後，立即殺狗，用狗血淋寨門和進出寨子的路口，說是堵塞鬼路，阻止病神進人。最後在村外殺豬宰雞祭神，求神護佑。祭完，取少量供品埋入土中，其餘的由參加撞病神的人們聚餐。吃不完的嚴禁帶回寨內，只能潑撒在山野。有的村寨認為這裡是村人和野鬼的分界線，在此祭祀能絕鬼路。這些儀式，與古代儺祭十分相似。除此之外，白族「鬧春日」塗臉鬧春、壯族過年戴草面具跳草人舞等，性質與此都有相似。

〔註1〕　（晉）干寶：《搜神記》，馬銀琴、周廣榮譯注，中華書局2009年版，卷十六。

　　除了以人扮演鬼神驅瘟逐病外，在一些民族的傳統節日中，還習慣以火、水、酒等物驅瘟祛災。彝族火把節以火遍照屋角地頭，傣族潑水節以水淨身除邪，納西族每年十月的「克赤得熱」（驅惡鬼）祭祀中以弩射殺代表惡鬼的祭牲，用刀劈砍鬼王木牌，等等，都是用這些東西的神力，去對付幻想中的瘟神惡鬼。

　　有一些祭儀，已經演化為傳統的習俗活動。文山壯族春節裏跳的「捧棒燈舞」（「儂牙，歪」），便是群眾性的祛瘟神舞。傳說很古時候，天空飄來一個牛魔，躲在山洞裏，使壯族的耕牛發瘟病。為除掉瘟神，壯族老人出主意，叫八男六女舉著燈籠火把，敲著鑼鼓，擊棒跳舞，引誘牛魔出洞。牛魔見燈火閃閃，歌舞歡騰，忍不住伸出頭來觀看，立刻被埋伏的人把牛頭一下砍掉。從此後春節裏就興跳棒棒燈舞。舞時要祈祝、燒香、敬老人廳，還要戴牛頭面具跳舞。當晚跳完舞，便將燈籠、棒棒、牛頭面具等送到寨頭燒掉。

　　借用天神之威鎮懾瘟神或瘟疫，也是民間常有的一種方式。在白族地區，許多村在廟裏供奉著大黑天神。據民間傳說，巡天神向玉皇大帝進讒言，說蒼山洱海一帶的百姓男不耕，女不織，上不孝，下不養，變懶變壞了。玉帝聽了立刻派一個天神帶上瘟藥到下到大理去。天神來到一個白族村莊時，只見男人們忙著犁田，女人們忙著栽秧，與巡天神說的很不一樣。在村口，他又遇上了一個白族女人，手裏牽著個三四歲的小孩，背上卻背著個六七歲的孩子。天神不解，便問：「為什麼你背著大的，反讓小的自己走？」那女人回答說：「大孩子是前娘生的，他已經沒有媽媽，小孩子是自己生的，我怎能虧待前娘的孩子！」大黑天神不忍心傷害這樣好心腸的女人，便悄悄告訴她說：今晚大理壩子要遭大難，快回去在家門前栽上一棵青松，門頭掛一雙新草鞋才可以消災免難。女人回家把消息告訴丈夫，夫妻倆連晚飯都顧不上煮，忙著把消息傳給各村鄉親，一傳十，十傳百，讓村村寨寨的百姓都作好了準備。夜裏，天神準備挨門挨戶去撒瘟藥，卻只見家家門前都栽上了青松，掛上了草鞋，沒有可撒的人家了。他方才知道那女人為了讓鄉親們免遭災難，通報了消息。天神左右為難，決心犧牲自己拯救下方生靈，便把瘟藥全喝到自己肚裏，立刻全臉發黑，渾身發腫，從天上掉到地下。白族人民把他尊為「大黑天神」，把他奉為本主，並在他死去的三月初三舉行祭祀。這種崇拜幾乎遍及雲南大理、巍山、洱源、劍川等地。

　　鶴慶彝族每年農曆正月十六日的「灸獅子」活動，也是意味深長的驅瘟祛病的傳統祭會。相傳這一祭會始於宋朝，所謂灸獅子，就是自己身上哪個部位疼痛，便點一團艾絨，放置到舊縣衙門前的一對石刻獅子的哪個部位上去，或點燃一柱條香，用香火燒點石獅子的身體。由於這一習俗，每年這天，縣衙門前擠滿了身有疾苦病痛的人，燃香點火，向永遠不知痛癢的石獅身上去「灸」。敏感的人，看到了這令人啼笑皆非的舊俗後面隱藏的蘊意，認為這不是對衙門石獅子的灸灼，而是對衙門內官老爺的針砭。這倒真是一個很難分清的問題，因為自然的瘟疫和社會的瘟疫，不是常常攪不清地化合為一個總讓老百姓頭痛的現實麼？或許，這些祭會本身就是一個嘲諷，只不知道該算是對不知痛癢的冷漠石獅的諷刺，還是對有了疾苦卻向石頭尋求「體察」的傳統心態的自嘲。

一、瘟疫

　　在民間信仰中，瘟神的種類很多，有專職的，也有業餘的；有的統管人間瘟疫，有的專司某類疾病。例如，怒族祭祀的眾鬼中，「普於」專司風濕、關節炎和腰痛，蕁麻鬼專司皮膚病，「享北於」專司無法治癒的慢性病（故又稱「癆病鬼」），「密起」專司眼病，「八喝」專司兒童疾病等；在景頗族祭祀的眾鬼裏，一些自然界的鬼神如太陰太陽鬼、虹鬼、藤子鬼、螞蟻子鬼等，除了自身具有的「專職」的功能外，還會在祭祀不周時「咬人」，被太陰太陽鬼咬者眼睛疼、心疼、肚子疼（源於一個太陰太陽鬼的孩子的心被其父母錯吃的神話），被虹鬼咬者發瘧疾、耳聾，被藤予鬼咬者手頗痛，被螞蟻子鬼咬者會眼耳生病或全身潰爛。這些，都以相應的神話傳說為據。

1. 瘟司聖眾

　　民間雕版木刻上呈現的「瘟司聖眾」，大都乘船來去。福建、臺灣最大的驅瘟儀式是「燒王船」，即經過打醮儀式後，把紙糊的王船和紙符、紙錢等在海邊焚化。所以，送瘟神有「借問瘟君欲何往，紙船明燭照天燒」的說法。巍山民間認為，發冷發熱，一年四季瘟瘟唧唧，沒有精神，這點不疼那點疼，要燒此馬子。病好酬願，也要祭獻。

五瘟聖眾。清末，北京
〔註2〕

瘟司。清代，雲南騰沖

瘟司聖眾。雲南大理

瘟司聖眾。雲南大理

瘟司部眾。雲南巍山

瘟司聖眾。雲南巍山

瘟司聖眾。雲南巍山

瘟司聖眾。雲南巍山

瘟司聖眾。雲南巍山

瘟司聖眾。雲南巍山

瘟司。雲南騰沖

瘟司。雲南騰沖

〔註 2〕引自蕭沉博客：《俗神》（圖為日本人 20 世紀初收藏）http://xiaochen.blshe.com/
　　　post/78/503808，2010,2,11。

五瘟大帝

民間俗信認為，瘟疫來自五方，俗稱「五鬼」「五瘟」等，它們降到人間就會發生瘟疫。「五方」即東、南、西、北、中，天有五方，每一方有一神主，這些神主也就是「五鬼」或「五瘟」。「五瘟」，屬道教的五方力士，即天之五鬼，又名「五瘟使者」「五瘟聖眾」「五瘟大帝」。隋文帝曾建祠祀之，還封青袍力士為顯聖將軍，紅袍力士為顯應將軍，白袍力士為威應將軍，黑袍力士為感應將軍，黃袍力士為感威將軍，隋唐之際皆以五月五日為五瘟祭日。「在天為五鬼、在地為五瘟」，即春瘟張元伯，夏瘟劉元達，秋瘟趙公明，冬瘟鍾仁貴，總管瘟史文業。祭祀時一個也不能得罪，漏了一方或怠慢了一方就會有瘟疫降臨。

白族地區也有在端午節祭「五瘟」的習俗。

五瘟大帝。雲南保山

夜遊往（瘟）司

夜遊往（瘟）司。雲南大理

2. 家禽家畜疫神

家禽家畜的瘟疫，是農民和牧民最頭痛的事。一旦發生瘟疫，他們養家活口的家底一下就沒了。所以，各種家禽家畜疫神，也是農民和牧民們小心敬奉的神靈。

雞疫神

雞疫神。雲南大理　　　　　　雞疫神。雲南大理

豬疫神

豬疫神。雲南大理　　　豬疫神。雲南大理　　　豬疫神。雲南大理

馬疫神

馬疫神。雲南大理　　　　馬疫神。雲南大理

牛疫神

牛疫神。雲南大理　　　　牛疫神。雲南大理

田野考察實錄：臺灣臺南燒王船

燒王船（也稱「送王船」）是臺灣臺南甚至整個臺灣以至閩南地區的主要送瘟儀式。王船被視為「王爺」的坐駕，同時具有送瘟逐疫的功能。王船一般為竹木或紙糊結構。此次臺南南廠水門宮王船船身為竹木結構，仿古代三桅海船建造，以紙糊和板印進行混合裝飾。王船火化是儀式的高潮，民間稱之為「遊天河」。一同燃獻的還有金銀紙、兵馬、茶米油糖等日常食品用品。

本次考察了臺南喜樹地區和臺南南廠水門宮的燒王船祭奠。臺南南廠水門宮主祀五府千歲及吳府二鎮，分靈自南廠保安宮。這次甲午科王獻大典，時隔18年，水門宮王爺通過乩童降臨旨意，需要一般新船，於是有了該活動。繞境隊伍集中展示了許多臺灣民間宗教藝術形式，包括八家將陣頭、王船製作工藝、大神尪仔等。

王船祭的大致過程為：

搭壇：在所主辦的廟宇前搭內、外壇，內壇在建醮期間嚴密封禁，除道士及建醮工作人員外，其他人均不得進入，其目的在保持聖地的清潔；外壇則是開放的。

豎燈篙：豎燈篙是對天神、地祇、鬼等「召告」此地舉行建醮祭儀，並歡迎共襄盛舉之意；在建醮活動的初期，信眾已陸續在大街小巷豎燈篙，豎燈篙繫以長長的竹竿上懸光明燈，豎了多少個燈，就代表該戶有幾個男丁，燈坑則放置豆、釘、稻等物。現在又有新的形式，即仿傚日本民間豎起鯉魚旗。

請水：旨在敬請水神賜予聖水，用以清淨道場壇宇。

繞境：在燒王船前後，主辦的廟社也得動員信眾徒步繞境，燒王船之前係由全體信眾自主辦的廟前出發，長列隊伍浩浩蕩蕩行至外地，是為遊外境；燒王船後則遊內境繞經茄萣大街小巷，沿途由各藝陣表演，有宋江陣、旗陣、跳鼓、督陣、十二婆姐陣、五虎將、南管、北管陣等六、七十個陣頭，其目的在祈求神明保祐合境平安。

燒王船：整個建醮活動的高潮即是燒王船，典故起因為古時常瘟疫，在醫學不發達時，信徒求籤，問卦造王船載眾將遊天府，以驅除病魔。由於在建醮日期敲定時必須恭請眾神蒞臨是為「請王」，活動結束後當然也得恭送眾神稱為「送王」，在送王的當天早上，在主辦的廟社前就已擠滿了各地擁入的香客，時間一到，王船由數百名志願為王爺服務的狀丁，手拉大繩索牽拉王船，緩緩地經過茄萣路，在沿濱海公路抵達海邊，王船行駛的前方由消防水車灑水，先行「淨路」象徵為王爺開水路，之後由各陣頭及民眾、香客前呼後擁的「護駕」前行，所經之處，街道為之壅塞，幾近水洩不通，王船拖抵定位後，信徒分工合作將添載的金紙、柴、米、鹽包、糖包及船上的貴重物品，推置在船上及船邊，隨即在神轎及諸多陣頭賣力操演下，王船起火燃燒，恭送王爺出航，同時也祈求王爺保祐漁民在海上能平安、豐收。

踏火：主要是在提高神明的神力，同時有辟邪作用。

我們所看到的主要是祭奠前期的搭壇、豎燈、請水、及繞境時的很多陣頭以及燒王船。照片中部分夜晚拍的照片是繞境和燒王船的前一天人民的熱鬧活動，有各家各戶搭大棚請客吃飯，有很多吃的玩的表演的攤點、紙和燈做的船以及為慶賀祭奠居民們奉上的花圈。〔註3〕

〔註3〕本田野考察實錄為項目組成員、中山大學中文系博士研究生陳丹和人類學系碩士研究生張銘雪 2014 年考察撰寫。

上午打完醮後，繞境隊伍開始送王船出帆。臺南，2014，陳丹攝

水門宮乩童。臺南，2014，陳丹攝

什家將，王爺出巡繞境的護衛神將，角色與八家將類似，有刑具爺、文差爺、武差爺、甘將軍、柳將軍、謝將軍、范將軍和春、夏、秋、冬四大神，加上文判官、武判官。臺南，2014，陳丹攝

巨型人偶俗稱「大神尪仔」，是一種迎神賽會中常見的陣頭景觀，以竹、紙、泥等紮塑而成，外著神袍，由人扛抬。前兩位為「范、謝將軍」，即「黑白無常」。臺南，2014，陳丹攝

平安金紙和糖果不斷地被拋灑出來，人們認為吃了這些糖果可以保平安。臺南，2014，陳丹攝

拉繩維持秩序的善信義工。臺南，2014，陳丹攝

繞境隊伍穿越市區大道，通過漁光橋，行向海邊。臺南，2014，陳丹攝

挑擔者為刑具爺，負責引路。臺南，2014，陳丹攝

由市區到郊區海邊，一路風塵僕僕，繞境隊伍裏有廟宇人員、信眾、旅客、攝影愛好者、研究者，等等。臺南，2014，陳丹攝

送王船隊伍到達海邊。臺南，2014，陳丹攝

海邊等候的人員。臺南，2014，陳丹攝

水門宮吳府二鎮（水門宮主神之一）乩童向主要神職人員示意王船焚燒的方位。臺南，2014，陳丹攝

臺南，2014，陳丹攝

家將擺好隊形稍事休息，仍保持肅靜，原因是他們開臉之後即代表神，應保持莊嚴，
不可妄語。臺南，2014，陳丹攝

勘察地形。臺南，2014，陳丹攝

用鋤頭開水路通外海。臺南，2014，陳丹攝

人們正往王船旁邊堆放大量的金銀紙和油、酒、茶、糖等供品。臺南，2014，陳丹攝

面朝大海的王船，主要運用紙糊和板印混合裝飾。臺南，2014，陳丹攝

紙人水手。臺南，2014，陳丹攝

壯觀場景吸引許多人圍觀攝影。臺南，2014，陳丹攝

一切準備就緒之後，稍作休整，趁著這個時間，工作人員趕緊解決午餐。臺南，2014，陳丹攝

乩童以手於木板上書寫，以神之名發出最後的「行動指示」。臺南，2014，陳丹攝

吉時到，王船燃起，恭送代天巡狩出帆，青壯抬王爺神轎繞行。臺南，2014，陳丹攝

現場鑼鼓喧天，王爺神轎圍繞著火光衝天的王船快速繞行，氣氛到達最高點。臺南，2014，陳丹攝

眾弟子跪拜頌經。臺南，2014，陳丹攝

信徒虔誠祈福。臺南，2014，陳丹攝

王船很快化作灰燼，地上散落了一些紙符。儀式接近尾聲。臺南，2014，陳丹攝

恭送代天巡狩出帆為儀式高潮，繞境隊伍回程入三鯤鯓天宮壇、五期興和宮，最後回到本宮，恭送祖廟南廠保安宮回駕。臺南，2014，陳丹攝

二、病痛

人有病痛需要退掃，也用 25 種紙符：瘟司聖眾、五路刀兵、白虎、眾神、替身、太歲、哭神、打獵將軍、掌兵太子、白鶯太子、瘋魔祖師、羊希、水汙之神、解冤、橋神路神、消神、黑煞、夜遊、獨腳五郎、水火二神、血腥亡魂、樹木之神、張魯二仙、喜神、土神。

病符

一般性的驅瘟治病，常用病符。

病付（符）。雲南保山

病符。雲南保山

羅昌郭（閣）大王

羅昌郭（閣）大王即大理白族民間傳說「觀音鬥羅剎」的羅剎羅昌閣。它喜吃人眼珠，無惡不作。觀音向它要袈裟一鋪、白狗三跳之地，並在眾神前立契，結果袈裟一鋪，把羅剎的地盤全佔了。觀音又用螺絲冒充眼珠，誘羅剎全家入一山洞，然後封死。但羅剎的魂和精氣仍然會出來作祟。如人的眼睛疼，一般認為是被羅剎幹的，就需要祭祀，並以觀音符鎮壓。

羅昌郭（閣）大王。雲南洱源

羅昌閣大王。雲南洱源

癩龍之神

民間信仰中的龍，善惡差距很大，比如「癩龍」，就是一個帶來病痛的邪靈。雲南巍山地區娃娃起癩子生瘡，出黃水，一身癢，是衝撞到癩龍了。根據先生指示的癩龍所在的的方位，祭獻癩龍。巍山的癩龍在東邊，所以要在東邊燒。東邊石龍山下東河橋邊過去有一塊「癩龍石」，上面有很多麻子點，祭獻癩龍就在那裏祭。備紙火、齋飯和癩龍馬子，祭獻後燒化，再抓些麻籽、葵花籽撒在石頭上，意思是把癩子還回給「癩龍石」。現在這塊石頭已經沒有了。

癩龍之神。雲南巍山　　　　癩龍之神。雲南巍山　　　　癩龍之神。雲南巍山

爛（癩）龍。雲南巍山〔註4〕　　　　賴（癩）龍。雲南巍山

獨腳五郎

民間傳說，騎虎的「獨腳五郎」是前南詔時期蒙舍詔屢立戰功的虎將，鎮守邊遠之地。詔主召他回來祭祖途中，聽說蒙舍詔詔主火燒松明摟謀害五詔詔主，對其主的陰險惡毒不滿，遂隱居山中，以打獵為生。後人感於其正義善良，

〔註4〕本圖採自趙寅松、楊郁生主編：《中國木版年畫集成・雲南甲馬卷》（集成總主編馮驥才），中華書局2007年版，第341頁。

把他奉為土主，無論紅事白事，人疫獸患，還是天旱水澇，天災人禍，都要祭
獻他。〔註5〕作為南詔發祥地的巍山，當地人在巍山北邊校場供奉獨腳五郎，
寶善村也供奉此神。由於他是獨腳，所以腳疼手疼時，配一份紙錢（5張），修
一道「五郎表文疏」，一對錁子，用泥做一副手腳，祭獻後焚化其符像馬子，
有求必應。不過，因為他是回族的將軍，祭獻時不能上大肉（豬肉）。

獨腳五郎。雲南巍山　獨腳五郎。雲南巍山　獨腳五郎。雲南巍山　獨腳五郎。雲南巍山

六賊神

當人們出現心慌意亂、心悸冒汗、睡不安寧、食欲不振、無精打采等現象，
雲南保山地區的人認為是因「色、聲、香、味、觸、法」（即佛教所說「六賊」
或「六塵」）使人生出種種嗜欲，引動劫奪諸善之惡，中了六賊的邪，或得罪
了六賊大王，必須獻神。獻神時與本命星君、值年太歲、城隍、灶君、精神甲
馬等一起焚化。〔註6〕

六賊神。雲南保山　六賊神。雲南保山　六賊神。雲南保山　六賊神。雲南大理

瘋魔姐（祖）師

在雲南巍山壩子南頭大石碑處，供著瘋魔祖師和密指三姐。在傳統「正
派人士」看來，喜歡唱唱跳跳的都有些瘋（不正經），把瘋魔姐師和密指三姐

〔註5〕楊郁生：《雲南甲馬》，雲南人民出版社2002年版，第76頁。
〔註6〕趙寅松、楊郁生主編：《中國木版年畫集成·雲南甲馬卷》（集成總主編馮驥才），
　　　中華書局2007年版，第271頁。

一起祭獻，可能因為二者習性相似。送的時候要獻齋飯茶酒，用素，兩個一
起送。

瘋魔姐（祖）師。雲南巍山　　　瘋魔祖師。雲南巍山

都司王相公

專門是老神匠和師娘婆跳神用的。家不順，人多病，請老神匠來跳。一般
不燒。

都司王相公。雲南巍山　　都司王相公。雲南巍山　　都司王相公。雲南巍山

羊希（璽）王

寫作「羊希」、「羊璽」、「羊希王」等，有多種解釋。雲南大理一帶彝族民
間傳說：彝人生活在高山，只能用蕎麵粑粑充饑。上天送給他們一群羊，讓他
們飼養食用。可是，天上派下來的這些羊不聽話，彝人管不了他們，上天又派
了一支神羊來管理這群羊，但它們還是不服。神羊回到天上彙報了情況，上天
在他身上蓋了玉印，他回到地上才制服了羊群（有傳說是經過了激烈的戰鬥），
他就是「羊璽」。另一說法是，「羊璽」即「陽喜」的諧音，用兩羊相戲鬥來寓
意象徵「喜神」，結婚時常用，婚後不孕也常用之。〔註7〕雲南巍山一帶則認

〔註7〕楊郁生：《雲南甲馬》，雲南人民出版社2002年版，第133頁。

為，羊璽是東邊多雨村彝族的神，他們買了去祭獻，過年用，七月半也用。巍山城裏的人認為羊璽是怪神，撞著很麻煩，民間罵人說：「你是撞著羊璽了，這點不疼那點疼！」衝撞了羊璽，要送篩盤；眼睛疼，生病，也要送羊璽王，用湯飯送，送到十字路口，祝告：「哪方來，哪方去！」但「羊璽」很難送，罵人「羊璽羊璽」，就是說此人「癩毛」，不好對付。

羊希王。雲南巍山

羊璽。雲南巍山

羊璽。雲南巍山

羊希王。雲南巍山

羊希王。雲南大理

羊璽。雲南大理

姑奶之神

姑奶之神亦神亦鬼，似魂非魂，常作祟於人，使人生瘡、長癩子。凡患瘡疥之人，要用香蠟紙火、豬頭一個、雞蛋一個飯一碗、酒一杯去祭祀。

姑奶之神。雲南大理

姑奶之神。雲南大理

穢鬼

雲南納西族東巴教舉行儀式用。據東巴圖畫—象形文字《東巴經》記載，這些人身動物頭的穢鬼是天地混沌時人類非正常死亡者變成的。東巴教徒把它們刻在木版上印下來，在開道場時懸掛在病、亡者家中。道場完畢後，或燒掉，或放到河中讓水沖走，以示纏家纏身的穢鬼已經被驅走，主人家也會平安。〔註8〕

穢鬼。雲南麗江

麻風

舊時，麻風是一種讓人恐懼的病。患者被逐出村子，集中到一個與世隔絕的地方，讓其自生自滅。在禳祛儀式中，麻風鬼也是被驅逐的病魔之一。

四海龍王紙符中的「麻風」神（鬼）。雲南昆明

〔註8〕訪談對象：和國相（納西族），訪談地點：雲南省麗江納西族自治縣，訪談時間，1988年8月，訪談人：鄧啟耀。

三、驅瘟

大黑天神

相傳天上的玉皇大帝發現大理蒼山洱海之間的人民生活比天庭的生活好，頓生嫉妒之心，便派了一位天神帶了一瓶瘟疫種子來到人間，企圖毀滅人間樂園。

天神到了人間，看到人們男耕女織，安居樂業，不忍下手，可又無法覆命，便把瘟疫種子撒在自己身上，吞下了瘟疫符咒，當時全身變黑中毒而死。因此被人們稱之為「大黑天神」。於是白族人民把他奉為村落保護神——本主。

大黑天神。雲南大理

大黑天神。雲南大理

大黑天神。雲南大理

大黑天神。雲南大理

茄（伽藍）土主大黑天神。
雲南大理

大黑天神。雲南大理

哪吒

澳門大三巴天主教堂遺址西側茨林圍有個哪吒廟。廟很小，門廳匾額書「保民是賴」四字；入廳兩步即是廟門，紅底墨書門聯「乾坤圈鎮妖邪滅，風火輪添澤國安」。內除哪吒神壇，就是幾張展覽文物的玻璃櫃，裏面陳列「哪

吒鎮宅」「平安符」「哪吒寶印」和「哪吒太子靈簽」木刻雕版。雕版都塗過朱墨，是用過的舊物。

作為降龍高手，哪吒多被視為鎮海之神。我感興趣的是它怎麼會在那個強勢的天主教教堂旁邊立足？在擁擠的觀光人流中，這個小廟很少人光顧。但廟裏展示的文物中，有一些木刻雕版值得研究。其中，用黑色印製的是「哪吒太子靈簽」；一塊刻有「鎮宅哪吒」字樣及哪吒像的雕版，應是類似「紙馬」的雕版木刻符像。它以紅色印製，當為民間信奉的正神。如今，它靜靜地躺在寺廟的玻璃櫃裏，成為供遊客參觀的文物。一塊說明牌，簡要介紹了建廟的緣由：「十九世紀後半期，澳門地區流行疫症，嚴重威脅著當地居民的生命安全。華葡民眾束手無策。後有居民稱哪吒託夢顯靈，喚大家汲取山上溪水加草藥服用，疫症果然平愈。為表達謝忱，並祈求神祇永久庇佑，當地居民遂於 1888 年，建造了這座哪吒廟。2005 年，該廟宇作為澳門歷史城區一部分，列入聯合國『世界文化遺產名單。』」其實，早在 1679 年，澳門就已經在柿山建了哪吒古廟。民間傳說，當地居民常常見一個身穿肚兜、頭上紮髻的男童站立在石頭上，有時下來和小孩一起玩，後來踏著風火輪離去。人們認為是哪吒顯靈，就在他站立的石頭上建廟，立「三十三天哪吒太子」神位供奉。後來澳門瘟疫流行，茨林圍居民深受其害，而柿山區居民相安無事，人們認為是有哪吒保佑，又因哪吒託夢而得解，哪吒信仰由此在澳門興盛。茨林圍居民商請柿山哪吒廟的哪吒分身一個過來，建廟奉祀。所以，柿山哪吒廟為大廟，大三巴旁的哪吒廟是小廟。

由於這些傳說，哪吒在澳門成為驅禳瘟疫的神靈。每年農曆 5 月 18 日，澳門要舉行「哪吒太子寶誕」（全稱為「三十三天哪吒太子千秋寶誕」）儀式。特別是新冠疫情之後，作為驅瘟之神的哪吒，更是備受關注，將舉行大規模活動。

大三巴旁哪吒廟的「哪吒太子寶誕」一般在農曆 5 月 16 日就開始了，主要議程是祈福法會；柿山哪吒廟農曆 5 月 17 日子時舉行開印儀式，主要活動為在平安符上蓋寶印，然後分送給信眾。信眾對於獲得蓋了寶印的平安符的熱情極高，所以每年都會用雕版印製很多用於分發。這也是民眾參加較為踴躍的原因。農曆 5 月 18 日為哪吒太子正誕，柿山哪吒廟和大三巴哪吒廟都要舉行許多活動，大廟柿山哪吒廟要演戲、搶炮、抬神巡遊；大三巴哪吒廟活動更為豐富，有哪吒鑾輿出巡、醒獅採青、飄色賀誕巡遊、迎神搶炮、神功戲酬神、開金豬、分豬肉、派發平安符、平安米和神茶等活動。

　　哪吒神像出巡俗稱「抬神」，由八名男子肩抬安放有哪吒像的行宮出巡。另有一名男童拌「哪吒仔」，他手持火尖槍和乾坤圈，身穿繡有荷花的肚兜，旁邊幾位仙女陪伴。隊伍前面，還有一名肩挑小水桶的童子開路。他邊走邊用柚樹葉蘸水沿途淋灑，重演汲水驅瘟的舊事。〔註9〕

大三巴哪吒廟。澳門，2016，鄧啟耀攝

哪吒廟廟門。澳門，2016，鄧啟耀攝

哪吒廟門廳。澳門，2016，鄧啟耀攝

哪吒神壇。澳門，2016，鄧啟耀攝

〔註9〕吳炳鋕、王忠人主編：《澳門道教科儀音樂》，澳門道教協會2009年版，第27、35頁。

廟中陳列的「哪吒鎮宅」「平安符」「寶印」木刻雕版。澳門，2016，鄧啟耀攝

四、治病

　　基於「巫醫同源」的文化傳統，民間道人在驅魔除邪的同時，也會處理一些病痛問題。不過，對於疾病的診斷，民間道人多從超自然因素著眼，認為是衝撞了某種邪靈所致。因此，治療的辦法，也就有了符籙這類「處方」。據雲南昆明至果道人從他 95 歲師父那裏抄的一些符籙看，其中有不少「治病符」。其基本邏輯是，在三清的統轄下，針對不同的病症，敬請諸如元始天尊、元始祖仙、道童老祖、雷神天尊乃至觀音菩薩，輔以陰陽五行、天干地支的測算和文字符像參雜的「畫符」，蓋上朱砂紅印，經過道人施法，然後給病人佩戴、燒化服食或「將此符貼大門能滅水火瘟疫」。

　　治病符

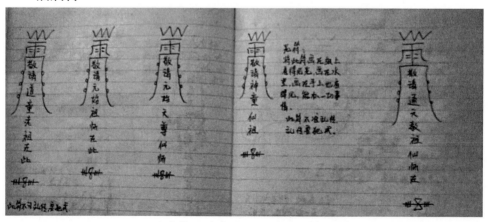

治病符。雲南昆明至果道人提供

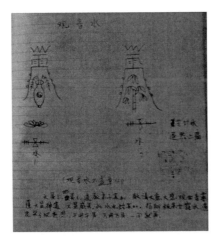

治病符。雲南昆明至果道人提供　　　驅瘟符。雲南昆明　　治病符。雲南昆明至果道人
　　　　　　　　　　　　　　　　　　至果道人提供　　　提供

田野考察實錄：廣州「除關去病開壇」儀式

2012 年春，廣州某小區事主因病住院，多番求醫，中西醫都試過，均無效果。由於發病時因被一道長朋友急救過來，期間道長講過「犯煞」的話，想起曾參加過外民族的一些民間儀式活動，不知是否冒犯了。事主多年前也曾有一個經歷，也是到過「陰氣重」的地方，病了很久。後經人指點，到一個寺廟做了「解煞」法事，才緩解過來。鑒於這個經歷，事主請朋友介紹了廣州一位民間法師諮詢。

法師瞭解情況後，經過打卦和測算，認為事主可能「衝撞」到異鄉邪靈，需要做一個「除關去病開壇」儀式，解除關煞，去病消災。

約好時間後，儀式在事主家裏舉行。法師事先交待，準備米 3 斤、衫 1 件、硬幣 12 個、雞蛋一生一熟、利是封 10 封、蘋果 6 只、香煙 8 包、紅帶 130 公分、香 1 把、蠟燭 1 對、小生魚 1 條、小龜 1 個，並到街上賣紙火的地方，買製作好的四方大利聚寶盆一個，符紙配百解貴人紙 3 張、金銀紙、陰幣各一些，共 16 種。

「百解貴人紙」是這次儀式的主打符紙，黃紙紅圖，內容龐雜，算是一個綜合性套符，主要功能為祈福解厄。符紙大致分四層：

第一層圖像右邊繪騎虎持劍的張天師，上書「斬邪治鬼」；中間圖像書一福字，繪福祿壽三官、蝙蝠和鹿，是福祿的傳統象徵；左邊兩個圓形，上面繪八卦、符籙和星斗，兩側各有蝙蝠和鹿一隻；下面圓形呈現大吉、大利、平吉、小吉、貴人等卦象，並書「天星火官除毒害，八卦水神滅凶災」。

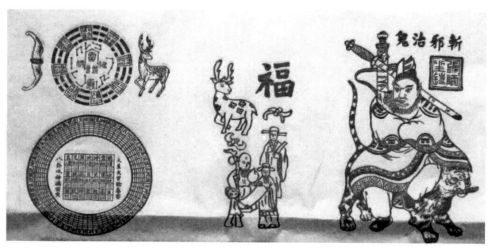

百解貴人紙第一層圖像。廣東廣州

　　第二層圖像兩側書「金玉滿堂，長命富貴」，圖繪一騎馬持旨的文官「大聖消愆證果滅罪天尊」，其所持為「洪恩赦宥消災解厄赦書」。赦書曰：

　　　人生天地皆歸造化之中明明注命或富

　　　或貴前生所定或貧或賤命中所受修德

　　　積善　伏以

　　　元皇道教清福

　　　太上岳王廣示祈福　信士

　　　　　伏惟

　　　　廣東　府　縣　司　堡　社

　　　　　居住奉

　　　　闔家焚香叩奉　永保平安

　　　天德伏惟自命　年　月　日　時

　　　一赦千年罪　二赦萬年愁　三赦流年病

　　　四赦水火災　五赦盜賊患　六赦兒女病

　　　七赦前生債　八赦口舌非　九赦宅含刑

　　　十赦散安寧　已上或有或無伏乞赦免

　　　聖德昭陰伏祈庇佑百福迎祥

　　　　　年　月　日

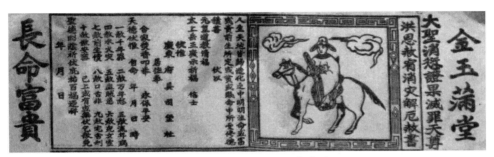

百解貴人紙第二層圖像。廣東廣州

　　第三層圖像上書「賜福祿壽金牌一道」，兩側書「長命富貴，永保平安」，圖繪五位頭上有符籙，立於金牌邊的文武官員，其金牌分別為：「賜福祿壽金牌一道」，「免災厄金牌一道」「免刑厄金牌一道」「免凶星金牌一道」「免諸難金牌一道」。

百解貴人紙第三層圖像。廣東廣州

　　第三層圖像上書「大成北斗七元星君百解靈符」，兩側書「天解賜福禎祥，地解化難生恩」。從右至左依次為：「天恩賜福消災百解驅邪截令」，圖繪持戟武官一位，文官和文士二位，他們旁邊均有消災驅邪的救令符咒；文官和文士頭上各有陰陽二卦象。最左為化解疏文：

奉為祈福消災免厄化難生恩迎祥信士

　　自命　年　月　日　時敬奉

　　合上天香　　　　　日月上求平安

天命求交貴子合　　　月　日

日月天明

天上比求呈　　　坐比化難凶星化解

一解十災百難　　二解四季凶星　　三解百無禁忌

四解瘡癬跌屋　　五解官非口舌　　六解家宅不安

七解水火賊盜　　八解日上凶星　　九解不祥之兆

十解夫妻不睦　十一解鳥立惡解　十二解百病消除

天師賜福保佑安寧驅邪出外引福歸堂

太上老君急急如律令

　　年　月　日　沐恩弟子叩

百解貴人紙第四層圖像。廣東廣州

　　法師在一個茶几上設壇，點上香燭，擺好供品，將寫好事主名字的「貴人紙」、事主的衣服、結有 12 個活結的紅線和轉運刀疊放在裝了米、雞蛋和利是封的大磁盤裏，開始請神、呈報等儀程。法師坐北朝南，用廣州話念誦祝語，吟聲如歌。念完，拋擲聖杯，顯示一陰一陽，象徵法事得到神靈的同意。法師把聖杯穿過用 6 包紅雙喜牌香煙和利是封搭建的日字形關口。

法師吟誦請神調。廣州，2012，鄧啟耀攝

聖杯過關。廣州，2012，鄧啟耀攝

　　得到神佑之後，法師再把一條活魚、小龜從關口遞過去遞過來，然後囑事主放生；接著，法師再在米盤上，以黃紙墊底，用 8 包香煙搭建一個品字形關口，把香燭、茶杯和酒杯逐一在品字形關口中上下穿越。過了關的酒茶，由事主飲下。

活魚過關

香燭過關

酒茶過關

廣州，2012，鄧啟耀攝

　　法師一邊念誦各種關煞名稱，一邊拉開紅繩上的一個個活結，並把十二枚錢幣逐一投到水碗裏，據說水能化煞。這意味著一年十二月的所有關煞，都被化解、洗淨了。法師讓事主把紅繩繫在腰間，錢幣則黏貼在洗手間門側。同時，法師取兩張條形黃紙紅字符咒，一張邪符（驅邪功效）、一張犯符（治病功效），一邊念咒語，一邊將兩張符十字形疊在一起，折成三角形，和一元紙幣，分別放入三個利是封裏，隨身攜帶。另外，再把九個這樣的利是封，按八方和中心的式樣，壓在主人臥室床鋪下。最後，再焚化幾張符咒，將紙灰混入米中，平時食用。

　　最後，把其他所有紙符、紙錢等拿到外面焚化，儀式結束。

解結

將焚化符咒的紙灰混入米中

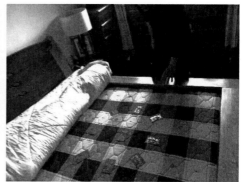

法師將邪符和犯符折成三角形和一元紙幣放入利是封裏，有的壓在主人臥室床鋪下，有的隨身攜帶　廣州，2012，鄧啟耀攝

田野考察實錄：雲南騰沖傈僳族「保駕」

最近一段時間，筆者的主要報導人之一尼扒身體很不好，經常感覺「沒有力氣」即四肢酸軟，手腳無力。他開玩笑說其實這是一種「懶病」，不想做事情，早上起不來等等。同時，他的老父親最近也沒有胃口，吃飯不好。因此請另外一個關係好的尼扒打刀卦和麻布卦，查出來需要作一次「安土」和「保駕」的儀式，為兩個人「接氣」。

另外，最近當事人經常夢見其死去的母親，打卦後還查出來他前段時間到山裏面去挖路（水電工程路）賺錢，可能在山上「魂掉了」或者被母親「帶走了」，需要為他叫魂。

在這次的儀式中，一些老人被請過來，除了尼扒一家外，還有花村余家的所有老人，姻親家的老人也被請過來。年輕人中，除了兩個兒子和他們的媳婦、以及媳婦的兄弟外，還有不少「撞上」的——經過門口看到，就自覺到院子裏面幫著整理豬雞等，其中一些留在這裡吃飯。

下圖是保駕儀式的示意圖，其中的 A～E 為每次拜祭時的順序。這種獻祭的方式是一種模式，只要是在家中的舉行儀式，A、B 是必不可少的，C、D 視打卦的需要做，但非常常見。

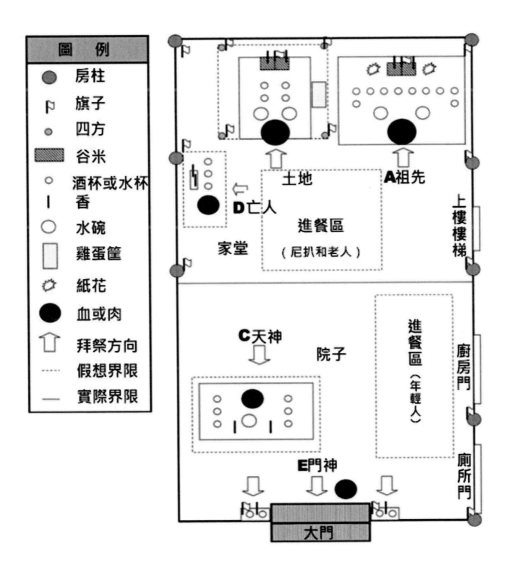

「保駕」儀式的空間分布和人群活動示意圖（俯視），熊迅繪

　　A 為主持儀式尼扒供奉自己的祖先「別扒」處，在一個半人高的桌子上擺放祭品，別扒的「活動區」就是這張桌子。用敞口木盒，一半裝穀子一半裝米，約在 5 斤左右。上面插 3 支香，兩邊插較大型儀式中常用的紙花杆兩支。十個酒杯，一個蒿子水碗，下面壓 20 元錢，一個淨水碗，碗下面壓 10 元錢，儀式結束後這個錢歸尼扒。

　　B 處為管理房子的土地神「米拉尼」，拜祭物整個放在地面上，用一張包裝袋墊著。木盒上插兩支香，還有五面紙馬旗，從左到右分別是：本命星君、

龍王、土地正神（中間）、天地、土科。前面放兩支蠟燭、酒杯四個。比包裝袋更大的方形假想區域四角，分別用一根香、一個用「土科」做的旗子插在一個土豆上。前面放一根蠟燭、一碗米、一碗穀子、一碗茶、一碗酒。和刀杆場的空間安排含義一樣，表示土地管理者的「中土」和「四方土地」。代表這一家每個人靈魂的雞蛋，也放在米拉尼區域的右側，在叫魂的儀式中，尼扒把雞蛋從米拉尼區域內拿出來，分給每一個人。整個儀式的空間中，只有「別扒」的和「木刮尼」區域內不插旗子，這兩個區域也是傈傈人自身信仰中的神。旗子用古永是漢人儀式中常用之物「紙馬」一張（內容有別）、黃錢一張、三角形紅色小旗一張合起來夾到竹簽的一頭做成。

C處為天神「木刮尼」祭拜臺，在半人高桌子一面上放上六個酒杯，兩支香，一個蒿子水碗。由於保駕是在家庭中舉行，不需要拜祭山神「米斯尼」。

D處為「尼波」即亡人的供奉處，亡人還沒有經過認樹儀式成為「別扒卡」（祖先家園），就只能在地面上或者擺一條小板凳拜祭。拜祭物也相對簡單，一個酒杯、一個蒿子水杯、一個水杯即可。

E處為門神即「大門什扒，大門什媽」的管轄區域，以公雞血和肉拜祭。除了大門，左右門柱即「門柱什扒、門柱什媽」也是拜祭對象，按從大門出來的方向，左邊一杯茶、一杯酒、一支香，一面朱雀，一面招財。右邊一面青龍，一面招財。

保駕儀式中所用紙馬有：土地神「米拉尼」用本命星君、龍王、土地正神、天地、土科五個紙馬，門神處左邊為朱雀和招財，右邊為青龍和招財。

本命星君。雲南騰沖　　　　龍王。雲南騰沖　　　　土地正神。雲南騰沖

天地。雲南騰沖　　　　　　　　　　土科。雲南騰沖

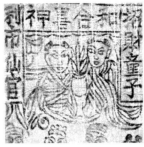

朱雀。雲南騰沖　　　招財童子。雲南騰沖　　　青龍。雲南騰沖

上述的拜祭物，是在儀式一開始就準備好的，但在儀式的過程中會經常更換。除此之外，以黑色的圓形表示儀式中的獻牲——動物在這裡被宰殺，血液和煮熟的肉分開獻。

儀式過程：

（1）領牲

首先是需要尼扒為當事人請各處的神靈下來「領牲」，並把血液作為拜祭物置放在供奉區間，其他人不參與念誦，但可以幫忙殺牲口、燒紙等。尼扒跪在堂屋右側供奉處請自己的別扒，要先敘述請別扒的原因，介紹今天要做的事情：

　　呔！你們這些，我的幫我頭上看的什扒（相當於別扒），我的幫我身上看的什扒（照顧健康的神）。什麼地方都可以看見的神，什麼東西都聽得到的神。看得很遠的神，聽得很清的神。我們看什麼也看不見，我們聽什麼也聽不見。我請我的別扒們。這一家按照輩分排下來，這一家按照「蔡路」排下來（即蔡姓家族的系譜），就這樣

下來，就這樣騎得了（燒紙馬）。你們快順蔡路下來了，我們倒了酒倒了茶。倒了酒快去吃，倒了茶的快去喝。

水碗什扒、水碗什媽，淨水什扒、淨水什媽。今天是這樣，今天是二零零九年五月二十日。不是有別的什麼事情找你們老人家，不是有別的什麼人要找你們老人家。這裡就是他大舅（按照自己兒子的角色叫）這一家人（包括其父親、兩個兒子和兒媳、孫子和孫女）我來幫他們安土，來幫他們獻土。他這一家人，我來找相幫的。我過一天是一天，我耳朵聽不見，我眼睛看不見，我來找你們相幫。你們可以造土的要幫造，可以幫祭土的要幫祭。就把你們都集中起來，讓這些人不會生病，讓這些人找錢找得著、讓他們好人相逢，讓他們遇見不著惡人。以前我們造過土，造過了還要祭，現在我們要祭土。祭土以後要祭著財路，祭了以後要走著好的路。要祭著兒子路、要祭著姑娘路（兒子和姑娘都長得好）。你們要好好的幫祭土，好好地幫做事。

祭過土之後，整過事之後。他們說來幫打保駕，來幫整保錢。土地公來幫叫，土地母來幫叫。保駕整過後，這樣幫了後。你們來幫我們叫魂，你們來幫著開財門。開財門幫開著金山，幫開著銀山。開口出門，抱財回家。

領牲即請神靈們下來領受獻殺的動物，一般都是豬和雞，領牲的動物性別要和被獻祭神靈的性別一致，如別扒前面就要殺公雞。尼扒一邊殺一邊念：

你們什扒們，你們別扒們。不是白白叫你們，有三歲的馬來帶你們。（殺的雞就是馬了，雞當馬，豬當豬，鵝蛋當鵝）你們經常來幫忙獻鬼，你們經常來幫忙做事。來帶這個三歲的馬，來騎這個三歲的馬。（打卦的時候）讓它雙腳雙手地出，不要給它單腳單手地出。

（雞卦）有腳就出腳，有手就出手。來領受！

尼扒接下來為管理家土的「米拉尼」領牲，按照古永傈僳人的習俗，當在家或墳山（陰宅）上都要請這種正神為中心、土科為四方的米拉尼時，需要「五牲」即獻殺豬、雞、鵝、鴨，以及獻紙馬「土科」。今天的儀式只獻殺了豬一隻，鴨一隻。雞和鵝分別用蛋代替。和別扒不一樣，米拉尼沒有具體的名字，被統稱為「你們」：

　　　　咋！你們鵝蛋去找吃，豬肉去找吃，雞肉去找吃，現在就要祭
土了，現在就要領牲了。好好的幫忙，好好的做事，不要有什麼差
處。你們把雞拿去得了，給你們五樣得了（即「五牲」〔註10〕：雞、
鴨、鵝、豬、土科）雞卦要雙腳雙手地出，要雙腳雙手地出。這些
你們拿去，給你們一人一個，給它們雙腳雙手地出。

　　隨後，尼扒在堂屋左側地上請死去的亡人，領牲。念誦對象為余國有的媽
媽：

　　　　酒位茶位擺著了，香也點了你們來聞。今天是二零零九年五月
十二。你老人不是因為別的什麼事情叫你。你太陽不到就死了，月
亮不在的時候就死了。你的小人這一家人經常夢著你，你經常託夢
給你的這一家人。後來你的小人他吃飯吃不香，喝酒喝不下，上坡
的時候腳沉，下坡的時候膝蓋又難過。你趕快來吃，你趕快來領。
不要帶著那難過人的魂魄去，不要帶著那難過人的魂魄到處走。我
給你三歲半的母雞，你來拿這個三歲半的母雞。你要讓它雙腳雙手
出，不要單腳單手出。你的丈夫這個人，還不能帶著他走，還不能
帶著他到上面。也不要帶著他上家堂。這樣以後，到他老的時候，
到他完結的時候。閻羅王來領的時候，鬼王來拉的時候。到那個時
候他就會跟你來了，那時候你要好好地帶著他走。你把雞領去，你
把雞領走。蒿子水去喝，酒去喝。蒿子水去喝，茶去喝。來領受！

　　　　這一家人哪一個都不能領他走，這一家人哪一個都不能亂來領。
你的丈夫你也不要領他走。不要亂來幫領，不要亂來打擾。活的人
和活的人在一處，死了的人不要和活人在一處。肉魂都不要分開，
魂魄都不要走開。你把雞領去就可以了，你把茶喝去就可以了。

（2）獻牲

　　此後尼扒休息，而其他人幫忙做等會要燒的元寶，另外一些人收拾殺過的

〔註10〕　古代用作祭品的五種動物。即牛、羊、豕、犬、雞。《左傳‧昭公十一年》：「五
　　　　牲不相為用。」杜預注：「五牲：牛、羊、豕、犬、雞。」《大戴禮記‧曾子天
　　　　圓》：「成五穀之名，序五牲之先後貴賤。」北魏　酈道元《水經注‧洛水》：「帝
　　　　游洛水之上，見大魚，殺五牲以醮之。」指麋、鹿、麕、狼、兔。《左傳‧昭
　　　　公二十五年》：「為六畜、五牲、三犧，以奉五味。」杜預注：「麋、鹿、麕、
　　　　狼、兔。」

雞、豬，煮熟後盛在盆中，由尼扒進一步地「獻牲」，即對各方神靈的再次獻祭。此時要更換茶、酒，獻上米飯，順序依然由別扒開始：

> 人家獻十回都不好呢，人家整十回都不好呢，我們整一回就整好了，我們整一次就好了。不要讓它變成害，不要讓它變成毒。不要給它掉，不要給它有不好。這家人過了今天這一晚，這家人過了今天這一天。大的和老的不要搞錯掉，老的和年輕的不要搞錯掉。不要有什麼差錯，不要有什麼毒。是你們什扒別扒辣糙，不是我辣糙。是你們什扒別扒贏，不是我贏。我耳朵聽不見什麼，我眼睛看不見什麼。你們經常做事情，你們經常幫獻鬼。你們耳朵聽得見，你們眼睛看得見。不是我強，不是我贏。是你們什扒別扒強，是你們什扒別扒贏。你們肉位有九位，飯位有七位，一個一位拿來吃，一個一位拿來喝。你們能看得透心，你們能看得透眼，你們能看得透雙腳，你們能看得透雙手。來領受！

其次是「尼波」，由於打卦查得余高友父親的疾病是其死去的妻子來招魂，所以拜祭「尼波」是專門以她為對象。此時余高友父親需要坐在尼扒後面，手裏拿一根五色線做成的「繩子」，由尼扒牽著拜祭，拜祭完成後，尼扒隔斷繩子，象徵性地表示當事人與亡人的聯繫已經中斷。這根繩子最後被綁在當事人的右手腕。

> 呔！不死的人魂魄不走，不死的人鬼不來。他三姑（以自己的孩子的角色），剛剛是領牲，剛開始是領受。你的侄子這個，經常夢見不好的東西，經常夢著你的墳山。太陽不在了人就死了，月亮不在人就死了。他活著就幫他活，他有病就幫他好。讓他的魂魄回來，讓他的魂魄好。今天以後，今天晚上以後，閻羅王來領的時候，鬼王來領的時候，你才幫領去。閻羅王不領你不要亂領，鬼王不拉你不要亂拉。不能你拉一半，不能你老公拉一半。閻羅王鬼王來拉的那一天，他就會跟隨你走。閻羅王不來，鬼王不來，你不要和他亂說話，不要讓他做夢夢著你。不要讓他頭重，不要讓他膝蓋彎。吃飯讓他香，喝酒讓他香，睡覺讓他香。坐就讓他坐得穩。剛剛才是領牲，剛剛只有酒位。現在肉已經熟了，現在飯也已經熟了。有來打的鬼，有來咬的鬼，你們打夥吃，你們打夥喝。給你老公做夢香，頭給他不沉。那麼就這樣，閻羅王來的時候你才可以管著他。那麼

就這樣天亮的時候才獻給你了。你是太陽不亮的時候就死了，你是月亮不在的時候就死了。你不要讓他手伸開，你不要讓他的腳伸開。吃飯讓他香，喝酒讓他香，睡覺讓他香。坐就讓他坐得穩。

（3）保駕

保駕是在 C 處，為老人和當事人「解」，隔開磨人的鬼，即是「打保駕」。除了在「木刮尼」處「獻牲」，擺放米飯和煮熟的豬肝外。還需要從天上「接氣」下來。兩位當事人余高友和他父親坐在 C 處的空地上的小板凳，雙手舉起，其餘的年輕的親屬（血親姻親，男女均可，身體健康者），斜身站在兩人身後，分別用右手抓住兩位老人伸起來的手，或者手握成拳頭，放於老人頭頂。因此每位老人需要三個人在後面。這些人左手則伸向後方或前方，手掌呈勺子狀，表示從天上「接氣」，又通過右手傳到當事人身上。尼扒則拿著酒碗向天空敬獻，並念誦：

阿巴姑若嘛，阿舟什若嘛，（天神的一種統稱）什麼地方都可以看見的人們，什麼東西都聽得到的人們。看得很遠的人們，聽得很清的人們。保駕什扒們，保駕什媽們剛才還只是酒位，現在肉味已經香了，現在酒味已經香了。飯位有九位，肉味有七位。你來九個我不見，你來七個我不見。九個來九個吃，七個來七個吃。一個一位去吃，一個一位去喝。吃了過後喝了過後，過了今天晚上，過了今天。吃飯給她們香，睡覺給它們香，坐讓他坐得穩，不要讓閻羅王拖走，不要讓鬼王拉走。不要讓他見著鬼，不要讓他夢著不好的。保駕以後讓他頭上滿，保駕以後讓他身上滿，滿到一百三十歲，滿到三百六十歲。給他太平無事，清吉平安。酒碗肉碗找來放，樹位找來給他，石位找來給他安著。太陽位找來安著，月亮位找來安著。

九位找來安著，找上坡腳不沉的，找下坡膝蓋不難過的，找吃飯給他香的那種，找喝酒給他香的那種，找來閻羅王不見的那種，找來鬼王不見的那種。你們什扒別扒們，你們阿巴姑若嘛們，阿舟什若嘛們，到這裡了就過來一下，來接著（氣）就安給他。過了這天晚上，過了這一天，吃飯讓他香，喝酒讓他香，睡覺讓他香。坐就讓他坐得穩。給他像太陽一樣，給他像月亮一樣。呔！姑若嘛們，什若嘛們，來九個就吃九個，來七個就吃七個。來領受！

　　你們（前面提及的所有神）叫著的都領著去吃，吃了之後都來幫做。找樹位來放，找著石位來放，找著太陽位來放，找著月亮位來放。把氣放給這一家人，把氣放給這一家人。三天不到就有氣，三天不到就可以做活。推樹樹就倒，推石頭石頭就倒。給！

　　放給他「有氣」（力量、活力、強壯）。你們多放幾回，你們快點幫放給。慢了蚊子都來咬了！（其他人笑）。快點幫放給，找樹位來放，找著石位來放，找著太陽位來放，找著月亮位來放。龍位來放給，酒位肉位都來放給！你們（前面提及的所有神）鬼去找鬼，你們鬼去和鬼商量。見者的都來放給，接著的都來放給。放給閻羅王不見得那種，放給鬼王不見的那種。過了今天晚上，過了今天，吃飯給他們香的那種，喝酒給他們喝的香的那種。一個都不要分開，一個都不要走。見者的都來放給，接著的都來放給。你們來九個我不見，你們來七個我不見。來九個麼就給九把（氣），來七個麼就給七把。嗚，嗚（吹的擬聲詞）！

接下來其他人要配合尼扒的「吹氣」，用嘴巴向自己的右手處吹氣，把從上天取下來的力量吹到當事人體內。這個動作要重複多次，基本的念誦內容也跟著重複，其基本的結構如下：

　　給他們氣，你們要放兩三回，你們要不停地放給。過了今天晚上，過了今天，吃飯給他香，喝酒給他香，睡覺給他香。讓他坐得穩，讓他碰不著口舌。上坡腳不軟，下坡膝蓋不扭著。找龍位來放給，蛇位來放給，找樹位來放給，找石頭位來放給，找太陽位來放給，找月亮位來放給。

　　放給他們氣。過了今天晚上，過了今天。像太陽一樣，像月亮一樣。上坡像鹿子一樣跳得，下坡像麂子一樣跳得。

　　你們先吹，你們吹了我們再吹，我們只是相幫的子弟，這是你們什扒別扒辣糕，不是我們辣糕。好好地幫吹，不要讓他見著鬼。你們什扒別扒，你們從前都幫我們保駕。保得頭上都滿了，保得身上都滿了。一百三十歲，三百六十歲，不要給他見著鬼。你們來幫保，不可能幫不著。你們來幫整，不可能整不著。（引用1.）現在準備保他了，這些都放給他了！

　　有十二個紙火，你們好好的拿去。有大錁的銀寶，好好地幫領受去！不要驚嚇者我們的氣，不要驚嚇者我們的功。不要給我們的氣進去，不要讓我們的功進去。來幫忙的這些活著的人，不要給我們的氣進去，不要讓我們的功進去。給！

（4）再次在米拉尼前B區「獻牲」

　　咊！中央土地什扒們，中央土地什媽們，四門土地什扒們，四門土地什媽們。今天是二零零九年五月二十號的晚上。你們的土地上，有這麼一家人，有氣的這麼一家人，有功的這麼一家人。今天晚上我來找你們老人，做一個中人。家土麼麼們，土主麼麼們，四門什扒們，四門什媽們。我說了一天，你們要隨我說的去做，隨著我做的去做。過了今天晚上，過了今天，給這一家人氣，給這一家人功。一個也不要給他去陰間。不要給他去吃陰間的飯，不要給他去喝陰間的酒。讓他做夢香，讓他頭好過。生著兒子給他活，生著姑娘給她活。不要讓人家來惹著我們，不要讓人家害著我們。不好的東西不要讓它進來，多嘴的東西不要讓它進來。一直好好的，不要讓誰去陰間。你們和財門什扒，你們和才門什媽，你們鬼和鬼商量，把不好的幫隔去，把財氣招進來。開的財門不要讓它高了，不要給它矮了。高了財進不來，矮了又漏財。不要給它高了也不要給它矮了。給他開著金山，給他開著銀山。家土什扒們，家土什媽們，土地什扒們，土地什媽們，土主麼麼們，四門什扒們，四門什媽們，一處有三對紙火，你們中土是積錢的，你們中土是積好的，大錁銀寶你們拿去，大的紙火你們拿去。一定要好好的拿去。來領受！

　　到此時，「保駕」的部分已經基本完成。獻祭物被抬回灶房重新處理。在堂屋、院子、廚房處均可擺放飯桌。尼扒、老人在堂屋中聚集吃飯，其他人則在院子裏和廚房裏面聚集吃飯。晚飯過後，再一次獻「米拉尼」，一邊念誦一邊把寫有每個人名字（或者能夠辨認的符號）的雞蛋和一塊肉發給對應的每一個人。由於大兒子已經分家分出去了，因此分發雞蛋只是限於當事人的父親、本人、二兒子一家人：

　　我們已經祭土了。四門什扒們，四門什媽們。祭著財路，祭著好的路，祭著兒子路，祭著姑娘路。土主麼麼們，土主老爺們，都已經祭在堂火裏面，（開始燒紙火）。這一回你們四門土主們，要幫叫人的魂，要幫驕人的魄。這家人都來了，這家人是我的三舅（按照自己兒子來稱呼）家，不要給他去陰間的路，不要給他去陰間的河。如果去了陰間，就把他找回來。不要給他吃陰間的飯，不要給他喝陰間的酒。不要讓他的魂魄出去了。讓這個兒子也不要給他去

陰間的路，不要讓他去陰間的河。他去哪裏找錢，他的魂魄去哪裏，也要幫著領回來。給！

給這個姑娘（二兒子媳婦，重複念誦）。

給橋興（二兒子的大兒子，13歲，橋興是橋名，漢人取的名字），他去讀書，他的魂魄在哪裏（重複念誦）。

給橋妹（二兒子的大女兒，算是橋名，跟著大兒子的橋名排下來），（重複念誦）。

給娜娜（二兒子的小女兒，這個名字是父母起的小名，是漢名。由曾經當過老師的二兒子取的）。

（5）開財門

尼扒拿著煮好的雞肉、米飯擺在大門前。跪下，面對打開的大門念誦：

咄！我叫財門什扒們，我請財門什媽們，我請門柱什扒們，門柱什媽們。我請東方財門什扒們，我請南方財門什扒們，西方財門什扒們，北方財門什扒們。四方八面，我請財土什扒們，財土什媽們。剛才還只是領牲，只是酒氣，肉還不有香味，飯還不有香味。現在肉已經冒香味了，飯已經冒香味了。今天晚上來幫叫財門，財門這樣開了過後，這樣整了過後。今天晚上給他家開著金山，給他家開著銀山。出了門以後，過了橋以後，腳能踩著財，找錢的錢找得著，抬起手腳就叫他走得好。不會被人家來咒罵，不會被人家來招惹。讓他們家太平無事，清吉平安。好人相逢，壞人遇不上。

你們（上述所有神）倒兩行酒喝兩行酒，倒三行酒喝三行酒。財門不要給它高了，不要給他矮了。高了財不能進來，矮了就要漏財。過了今天，腳落地一天，找錢就找的著。抬手就抬得著好的，出門腳就踩著財。你們財門什扒們，財門什媽們，門柱什扒們，門柱什媽們。該吃的快來吃，該喝的快來喝。來領受！

念完後，尼扒回到 A 區，向別扒快速地請求保護，喝一杯酒後帶上刀、一碗飯和一塊肉走出門外並關上門。尼扒手捧米飯和肉，背對大門念誦：「你們什扒別扒們，快來幫開財門。財門開了以後，開著金山銀山。嘟！」然後把蒿子水倒在門口，一邊用蒿子葉檫門框一邊繼續念：「門柱什扒們，門柱什媽們。你們黑的東西幫忙洗去，有洞的幫補補。開著金山銀山。不好的幫把門封了，不好的不要進來。黑的好好幫洗洗，洗乾淨了，不好的也洗去了。什麼不

好的東西你不要讓他進來，進來的東西你們要幫招呼。東方出門抱財回家，南方財門抱財回家，西、北（重複）。空手出門抱財回家。開著金山銀山。一子落地，萬財歸來。財門大打開！」然後手拿砍刀，推開門，其他人在屋裏等候，等推門進去的時候都配合尼扒發出「哦！」的喊聲。開財門時尼扒還需要撒米、穀子、錢。兒媳婦用圍裙接住，從此後這個象徵生活富足的布包就掛在廚房門口。

為了檢驗開財門的效果，需要用竹根破開做的卦具打卦。卦具由竹根沿縱向剖成兩半，每一個都有一面弧形（竹根外表面），一面平整（剖面）。「朝上」即為弧形的在上，平面接觸地面。反之則為「朝下」。如兩面都朝上，則為陽卦，如果兩面都向下即為陰卦，如果一面向上一面向下，即為順卦。這次開財門需要連續三次陽卦，再連續三次順卦。如果結果不符合，就要再次重複開財門的念誦和蒿子葉搽大門的動作。這次一共做了5次才圓滿完成。

如果打卦順利，裏面的家人就可以出來了，年輕人把在別扒處插著的紙花，一塊長一米半、寬半米的紅布拿出來，紅布橫掛在門上，上面斜插兩支紙花。象徵性地表示（紅）鴻運當頭，金花銀花開得旺。

此後需要再次感謝別扒和土地：

> 經常來獻鬼的，我的幫我頭上看的什扒，我的幫我身上看的什扒。什麼地方都可以看見的人們，什麼東西都聽得到的人們。看得很遠的人們，聽得很清的人們。安土的什扒，土主的什扒。打保駕的什扒，保全的什扒。你們什扒別扒。獻了一天的鬼，到了最後了。來吃飯得了，來喝酒得了。別人整十回不靈，我們整一回就整好了。不要給他成毒，不要讓他的名字不見。我的耳朵聽不見，眼睛看不見，你們耳朵聽得見，眼睛看得見。不是我有神力，不是我屬害。是你們什扒別扒，你們經常獻鬼，來吃肉來喝酒。給你們紙火，給你們大錁銀寶。你們大的、高的（什扒），不要吵架，不要互相爭吵。大錁的銀寶平分，金金銀銀都平分。多做的拿大份，少做的拿小份。你們有好鬼才有好人，沒有好鬼就沒有好人。我耳朵聽不見，眼睛看不見。你們眼睛看得見，耳朵聽得見。我們做什麼都要請著你們。你們好好的，一斤一兩都拿去，紙火一人一對都拿去。你們什扒別扒，你們大的高的神，我們獻鬼也是要結束的，來加酒，來吃飯。來領受！

開財門到此就完成了。準備進入叫魂的程序。

（6）叫魂

所有的人圍著堂火坐成一圈，中間擺放一個簸箕，家裏面幾口人就擺幾個碗。另外米飯兩碗，碎肉一碗。豬頭、四個腳另外裝盛。香一對也插在簸箕裏面。酒不能是白酒，而是自家釀的褐色的水酒。因為釀製白酒是漢人傳過來的技術。尼扒也在其中，坐的位置最靠近主人家的家堂。參與者每人手裏哪一根蒿子枝條前段，一邊搖一邊跟著尼扒念誦。每人要用石灰在額頭點上一點記號，以防叫的時候被別扒帶走。叫魂的活動不限於親戚，寨子裏面的人都可以參加，甚至來寨子裏玩的外人都可以。參與者的責任是營造熱鬧的氣氛，吸引魂魄歸來：

> 你們鬍子長的人，你們家裏幫看著的人。（別扒）
>
> 你們打鐵的先人，你們披著鐵甲的人。
>
> 你們在晚上幫我們看的人，你們比我們強的人。
>
> 你們家堂裏面供奉的人，你們幫我們擋鬼的人。
>
> 一輩子的叫魂的人，一輩子的叫魄的人。
>
> 這一家人去陰間不好，這一家人去陰間不對。
>
> 這一家人做了不好的夢，這一家人沒有力氣。
>
> 不要讓他們去陰間了，不要讓他們去陰間的河了。
>
> 請你們別扒去幫找，請你們鐵匠〔註11〕去幫找。
>
> 陰間有河不好過，陰間有岩子地不好走。
>
> 我們家是熱熱乎乎的，我們家是熱熱鬧鬧的。
>
> 我們的地方樣樣都有，我們的地方樣樣都好在。
>
> 我們的地方酒也有，我們的地方穀子也有。
>
> 好看的衣裳掛在牆上，好吃的肉擺在碗裏。
>
> 我們家是熱熱乎乎的，我們家是熱熱鬧鬧的。
>
> 這一家的夥子人，這一家的姑娘人。
>
> 你們外面的地去不得，你們遠地方去不得。
>
> 大岩子地去不得，范雞〔註12〕地去不得。
>
> 大岩子地的鳥大去不得，大岩子地的蚊子多去不得。
>
> 大岩子地的老熊大去不得，大岩子地的陰狗多去不得。

〔註11〕該尼扒的別扒中有名為鐵匠的。

〔註12〕一種白色的野雞。

蚊子不咬都出血，老熊不咬都出血。

大岩子地去不成，大岩子地不好在。

一家子人回來吧，回來種穀子種苦蕎。

一家子人回來吧，回來喂豬喂雞餵牲口。

陰間的地走不得，陰間的河過不得。

當家的人快回來當家，做事的人快回來做事。

領著小人快回來，領著姑娘快回來。

快回來吃酒，快回來吃肉。

菜是熱熱乎乎的，飯是熱熱乎乎的。

快回來穿衣裳，快回來嚼草煙。

堂火裏面來坐著，房子裏面來睡著。

快點回來把酒吃了，快點回來把肉吃了。

來領受！

　　重複的誦念三遍或兩遍，視打卦的情況而定。如第一次就為順卦，則兩遍就可以了。否則就要三遍。第一遍是幫當事人家裏面叫，包括該家的直系親屬。叫完後喝酒吃肉。這些人每人還有一個雞蛋，寫上所代表人的名字，表示該人的魂魄。但由於花村沒有人會寫傈僳文，所以以前基本不寫，只是由尼扒念，現在則多寫漢名，尼扒念誦時則使用傈僳名或親屬稱謂。之後再為所有的參與者叫魂，每叫一次都喝酒吃肉一遍。叫魂完成後，今天的儀式就結束了。尼扒拿著獻祭別扒的公雞回家。

　　第二天早晨尼扒需要「回堂」，用昨天帶回的公雞在自己家的家堂上面拜祭。把昨天被請下來幫忙的別扒們送回去，並順帶感謝昨天儀式中所有的神靈，不過「尼波」因為是當事人家的亡人而除外。這是幾乎每一個有尼扒主持的儀式都會涉及到的過程。因此可以看做一個通用的儀式休止符：

　　　　今天是二零零九年五月，你們什扒別扒，我不是有什麼別的事情叫你們，你們不要有傷心處（因為做了一天的事）。那這樣，你們姑若嘛們，你們什若嘛們，家裏面的神，把你們都叫來一處吃，把你們叫來一處養。你們鬼和鬼商量，你們不要吵架。把你們全部高高興興聚在一起，你們不要再有傷心處。太平無事，清吉平安。這一家人的人，這一家人的功，不要給哪個人去陰間。不要給他吃陰間的飯，不要給他喝陰間的酒。讓他做夢頭好過，讓他腳能踩著財。

不要讓他遇著窮處，不要讓他遇著歹人。好好地幫看。好好地幫瞧。你們姑若嘛們，你們什若嘛們，給你們三歲的一個雞公，你們什扒別扒，給你們一匹三歲的小馬。給你們在一處，你們高高興興的，不要有什麼差錯。讓他太平無事、清吉平安。像太陽一樣，像月亮一樣。給你們姑若嘛們，你們什若嘛們，家裏面的神，喝敬茶，喝敬酒。你們這樣的大，你們這樣的高。好好的幫看，好好地幫瞧，來拿領牲，來拿雞公。來領受！

　　你們保駕的神，從今以後到節日才叫你們，到節日才給你們了。幫你們聚攏在一處後，你們要好好地在一起。三歲的小馬，好好地拿去。雙腳雙手地給他出，不要給他單腳單手地出。來領受！〔註13〕

〔註13〕本田野考察實錄由項目成員、中山大學社會學與人類學學院博士研究生熊迅調查撰寫。